Gebhard Friebel

Der Nuller
und
die Frau im Schnee

Kurzgeschichten

Universal Frame

Gebhard Friebel

Der Nuller
und
Die Frau im Schnee

Kurzgeschichten

Universal Frame

4. erweiterte Auflage
des Buches
„Die Frau im Schnee“
Titelgestaltung Werner Hense
Titelfoto: © snowzilla
Universal Frame Verlag
Werner Hense, Zofingen
ISBN 9783905960846

Der Nuller

Ja, er war eine Null!

Jetzt sogar offiziell. Genauer gesagt, er, Gerhard Frings war in der Pflegestufe Null eingestuft. Pflegestufe Null – das hieß, (an sich glücklicherweise), er brauchte sehr wenig Pflege. Er stand morgens alleine auf – brauchte keine Hilfe bei seiner Körperpflege und seiner Hygiene. Sogar duschen ohne fremde Hilfe war ihm möglich. Auch ans Zähneputzen dachte er regelmäßig. Alleine das Rasieren bereitete ihm öfter Schwierigkeiten. Seine Hände mit dem Nassrasierapparat zitterten oft unkontrolliert – Beginn und Vorboten einer Parkinsonerkrankung, auch sonst volkstümlich Schüttellähmung genannt, waren unwiderlegbare Ankündigungen einer weit verbreiteten Alterskrankheit.

Zu seinem Trost sagte er sich ab und zu: immerhin keine Altersdemenz. Einfaches und unkontrolliertes Vergessen und nicht mehr Erkennen der gewohnten Umgebung. Das musste der blanke Horror sein. Aber so weit war er noch nicht. Glücklicherweise!

Eine Null! Aber er war pflegeleicht, das wusste er.

„Die Zahnpasta. Wo ist die verfluchte Zahncreme." Noch gestern hatte er sie benutzt – da war sie noch da. Paul, er würde ihn fragen. Ihn fragen, ob er vielleicht wüsste, wo sie geblieben war. Er konnte sich keinen Reim darauf machen, was da los war. Schlüssel – ja natürlich abgeschlossen war hier keines der Zimmer. Nur der große Speisesaal war abgeschlossen, wenn die Bediensteten nicht da waren. Es sollte nichts wegkommen. Es hatte wohl seinen Sinn. Er griff nach seinen Zigaretten. Sie waren nicht mehr da, obwohl er vorhin noch eine Zigarette geraucht hatte. Jetzt war es genug. Klauen unter Heimbewohnern. Das ging nicht. Das war unmöglich. Sie waren hier eine Gemeinschaft von mehr oder weniger hilflosen Insassen, angewiesen darauf, dass sich alle an die Mindestregeln des menschlichen Zusammenseins hielten. Klauen ging halt gar nicht.

Als er Paul wiedersah, war es schon früher Abend.

Und was hatte Paul da in seinen Fingern: Eine seiner Zigaretten. Seine Marke: Gauloise. Gauloise rauchte sonst niemand hier. Er kaufte sie in dem kleinen Zigarettenladen, zwei Straßen weiter und dann 150 Meter geradeaus. Dort fragte er den Verkäufer, ob er in letzter Zeit an einen Kunden Gauloises Zigaretten verkauft hätte. Als er eine negative Antwort erhielt, was er schon vorher geahnt hatte, war es klar für Ihn. Das war niemand anderes als Paul. Paul, der von Zimmer 25, der ihn immer so freundlich angrinste. Gerhard wusste nicht, wie er das Grinsen deuten sollte. Aber er hielt sich an die alte Weisheit: Wer so grinst, weiß etwas. Dies war das Sandkorn, das das Fass seiner Geduld zum Überlaufen brachte. Nun dachte er nach: Was riskierte er schon, wenn seine Racheaktion, an die er nun in groben Umrissen dachte, herauskam. Er war 76 Jahre alt und noch nie in seinem Leben irgendwo negativ aufgefallen. Ihm fiel das Sprichwort ein: Ein Mann ohne Knast, ist wie ein Baum ohne Ast. Und eine Racheaktion irgendwelcher Art, ja irgendeiner auch noch so kleinen Art musste sein, das wusste er nun ganz deutlich, spürte er ganz tief in seinem Unterbewusstsein. Und er hatte als Rentner einen Freifahrschein als amtlich bestätigte Null. Er fühlte sich auch fit genug, um es mit Paul, diesem seinem Lieblingsgegner, aufzunehmen. Und er wusste, dass er mit seinen Rachegelüsten nicht alleinstand. Da war die Pflegerin, Schwester Maria, die für alle sichtbar und intensiv von Paul, seinem Feind, verehrt wurde. Sie war offiziell verlobt, und hatte keinerlei Interesse an Paul, der ihr immer wieder, bei allen passenden und unpassenden Gelegenheiten, den Hof machte.

Aber da war auch noch Gerhard, die offizielle Null….

Gerhard war früher Lehrer am Stiftsgymnasium in Bitburg gewesen. Und als Studienrat für Biologie und Musik hatte er unzählige Schulklassen zum Abitur geführt. Daran musste er denken, als er nun am frühen Nachmittag dieses Tages seinen üblichen Spaziergang absolvierte. Dabei hatte er mehr als einmal seine Schüler vor einheimischen Giftpflanzen gewarnt. Besonders in Erinnerung geblieben war ihm das gemeine Geisskraut, vor dessen Gefährlichkeit er seine Schüler und Schülerinnen in jedem Schuljahr, wenn es um die heimatliche Flora ging, ausdrücklich gewarnt hatte. Und diese Pflanze fiel ihm just jetzt ins Auge, als sein Blick beim Gang durch den nahen Wald, über den mit Pflanzen jeglicher Art zugewachsenen Boden schweifte.

Er war wie elektrisiert, als er die Möglichkeiten sah. Die ihm da für die Durchführung seiner Rache, ja Mordgelüste kamen. An Mord hatte er zwar noch nie gedacht, auch nicht in Zusammenhang mit Paul. Aber wenn er so überlegte, warum eigentlich nicht?

Dieser Gedanke und andere, ähnliche spukten in seinem Gehirn umher und ließen ihm keine Ruhe.

Dann schritt er zur Tat.

Er pflückte eine Handvoll Geißkraut und nahm eine handvoll Stängel und Blätter mit ins Heim.

Im Keller des Hausmeisters wusste er von einen Raum, wo er sich ungestört um die weiteren Verarbeitung kümmern konnte. Zunächst riss er die Geißkrautblätter von den Stielen ab, zerschnitt mit seinem Taschenmesser die Blätter in kleine Abschnitte und füllte das Ganze in eine Porzellanschale, die er aus der benachbarten Küche geholt hatte. Dieses Blattgemisch zerstampfte er mit einer kleinen Underberg-Flasche, unter Zugabe von etwas Wasser, zu einem grünen Brei. Zur Geschmacksabrundung goss er etwas Essig aus der Küche unter die grüne Masse. Er testete sein Werk mit der Zungenspitze. Es schmeckte leicht säuerlich. Das sollte genügen. Dann füllte er zwei Esslöffel seiner schädlichen, ja vielleicht sogar tödlichen Mixtur in eine kleine Tüte aus der Plastikhülle einer Zigarettenpackung und verschloss die Masse mit einem Schließgummi. Dann steckte er das Tütchen in seine Jackentasche und räumte alles wieder auf. Er hatte die perfekte Mixtur für den üblen Paul fertig.

Nun hieß es warten bis zum nächsten Freitag – den Fischtag im Pflegeheim.

Die Heiminsassen warteten im Speisesaal auf das Mittagessen.

Auf der Wandtafel neben der Eingangstür wurde Zanderfilet mit Remouladensauce angekündigt. Gerhard war kein großer Esser. Deshalb war er mit dem Hauptgang schnell fertig. Er nahm seinen leeren Teller und murmelte beim Aufstehen: „Soll ich jemandem was mitbringen?“ Er schaute dabei Paul ins Gesicht. Der hob anstatt einer Antwort seinen leeren Teller in die Höhe, und reichte ihn Gerhard, der ihn hastig ergriff. Mit beiden leeren Tellern stellte sich Gerhard an der Essensausgabe an. “Machen sie gut Remouladensauce dran“ bat Gerhard die Dame an der Essensausgabe. Dann stellte Gerhard beide Teller auf die Ablage vor seinem Bauch und griff in aller Seelenruhe in seine Jackentasche, um das präparierte Tütchen zu ergreifen. Entschlossen verteilte er den Inhalt über den Fisch und die Kartoffeln auf Pauls Teller.

Das war geschafft. Mit freundlichem Grinsen reichte Gerhard den für Paul vorbereiteten Teller seinem Widersacher, murmelte dabei ein schwach verständliches “N-‘Appetit“, und nickte Paul dabei zu. Der aß ohne Zögern seine Mahlzeit komplett auf.

Doch kurz danach fing es an bei Paul. Er krümmte sich, stand auf und verließ in Windeseile den Speisesaal. Das war das letzte Mal, dass Gerhard Paul gesund sah. Paul ging nach kurzem Kampf hinaus und marschierte von hinnen, ohne den Grund für seine lebensgefährliche Krankheit erkannt zu haben. Die Remouladensauce hatte ihm den Rest gegeben.

Die junge Türkin

Der Hund schlug an. Der Rentner sah auf und rief: „Hasso, komm sofort her, was ist denn da?“ Der Rentner ging näher hinzu. Er sah die Tote im Wasser liegen. Bleich. Der Hund bellte sie an.

Aufgeregt nahm er sein Handy zur Hand, wählte 112 und rief mit sich überschlagender Stimme: „Polizei, bitte hören sie. sie müssen sofort kommen.“

***

Brinkmann sah seinen Assistenten Maurer scharf an. „Was denken sie? Wie lange liegt sie hier?“

Die Polizeitaucher hoben sie vorsichtig aus dem knietiefen Wasser, trugen sie an Land und legten sie auf eine Plane.

Maurer sah auf den Schlamm an seinen Schuhen.

„Sie kann den ganzen Winter hier gelegen haben. Zwei oder drei Monate. Hier kommt im Winter so gut wie nie jemand vorbei, bei dem Matsch. Der reinste Sumpf ist das.“ Er betrachtete voller Ekel seine Schuhe und schüttelte den Kopf.

***

Am nächsten Tag trafen sie sich in Brinkmanns Büro. „Was ist mit unserer Frau, was wissen wir?“

Er war schlecht gelaunt, wie immer, wenn seinem geplanten Urlaub etwas dazwischenkam. Ermittlungen verschieben kam nicht in Frage, hatte der Chef ihm schon letztes Mal unmissverständlich klar gemacht.

„Also."

Maurer räusperte sich. „Hmm, laut Forensiker ist sie seit etwa drei Monaten tot. Ich habe alle Vermisstenmeldungen in der in Frage kommenden Zeit abgeglichen. Es bleiben nur eine 43 Jahre alte Prostituierte namens Helen Müller und eine Türkin namens Ada Izmir übrig."

„Izmir, Izmir! Wie der Reiseunternehmer?"

„Genau das ist der Name. Vermisstenanzeige vom 17. Dezember letzten Jahres. Auf die sollten wir uns konzentrieren. Die Vermisste Müller ist ca. 1,80 Meter groß und laut Beschreibung stämmig, nein füllig mit ca. 90 kg Gewicht. Aber unsere Tote ist genau 1,70 Meter groß und 73 kg schwer. Auf sie passt die Beschreibung der Tochter des Reiseunternehmers. Auch vom Alter her."

„Dann wollen wir also mit ihrem Vater sprechen. Komm Maurer. Hast du seine Adresse?"

„Zwei, Boss, geschäftlich und privat. Ich habe nachgesehen, Boss. Die Firma sitzt am Heumarkt, privat wohnt er am Landwehrkanal. Er dürfte jetzt am Heumarkt sein. Heumarkt Nr.8-12, ziemlich groß für ein normales Reisebüro."

„Also dann, bist du soweit"

„Ja, dein oder mein Auto?"

„Deins."

„OK meins."

Sie steckten bald in einem Stau fest, bis Brinkmann die

Nerven durchgingen und er das Blaulicht aufs Dach schob.

Eine halbe Stunde später hielten sie vor dem imposanten, modernen Gebäude und betraten es durch den Haupteingang. An der Rezeption stellten sie sich vor und verlangten Herrn Izmir zu sprechen. Der kam nach fünf Minuten und stellte sich vor. „Izmir, Achmed Izmir. Es geht um meine Tochter? Was ist mit ihr?“ fügte er in geschliffenem Hochdeutsch hinzu.

„Haben sie ein Besprechungszimmer; können wir es benutzen? fragte Brinkmann.

„Ja, was ist mit meiner Tochter, wie geht es ihr? Sprechen sie bitte“.

Brinkmann beharrte: „Zuerst bitte in ihr Besprechungszimmer.“

Izmir öffnete ein Zimmer im Erdgeschoß, das bis auf einen großen Tisch und mehrere Stühle leer war. Als die beiden Polizisten saßen, wiederholte Izmir seine Frage.

Brinkmann antwortete: „Herr Izmir, setzen sie sich bitte. Ich denke, wir haben ihre Tochter gefunden. Im kleinen Baggersee, draußen in Hellental.“

„Ist sie tot?“

„Ja, mit einem Schlag auf den Kopf, mit einem stumpfen Gegenstand, wurde sie getötet, es tut uns leid.“

„Warum sollte es ihnen leidtun. Wer war das? Wer war das? Ich werde...“ Er schwieg.

„Es tut uns leid. Wir werden unser menschenmögliches...“

Izmir war aufgesprungen und zum Fenster gestürmt „Ich werde, werde... Ich habe sie immer gewarnt“, stammelte er.

„Wovor haben sie sie immer gewarnt? Und im Übrigen: Sie werden gar nichts, Herr Izmir. Die Polizeiarbeit ist unsere Sache."

Brinkmanns Stimme war scharf, schärfer als nötig.

„Wir können Ihre Wut verstehen, Herr Izmir. Aber das ist ausschließlich unsere Sache."

Brinkmanns Stimme klang wieder versöhnlich. „Ich muss sie um Ihre Zusammenarbeit mit uns bitten, Herr Izmir. Wann haben sie Zeit für eine Befragung, und auch die Identifizierung ist nötig. Bitte helfen sie uns! Können sie morgen früh auf das Präsidium kommen, geht das?"

Izmirs Stimme klang matt, als er murmelte: „Morgen früh also, morgen früh. Gut, ich bin dann bei ihnen, wenn sie das wollen, um 10 Uhr"

„Ja, es ist notwendig. Vielen Dank, Herr Izmir."

Beide Ermittler erhoben sich und verabschiedeten sich.

***

Am nächsten Morgen kam Achmed Izmir zum Präsidium.

Brinkmann begann sofort mit der Befragung „Ihre Tochter wurde am 17. Dezember von einem Herrn Ö-, Özal als vermisst gemeldet. Wann haben sie sie zum letzten Mal gesehen?"

„Genau weiß ich das nicht mehr. Ich nehme an, etwa drei bis fünf Tage vorher. Sie war oft unterwegs. Manchmal fuhr sie auch für eine Woche oder zwei nach Istanbul. Sie war unabhängig, eine moderne Frau."

„Hatte ihre Tochter einen großen Freundeskreis?"

„Es gibt da mehrere etwa gleichaltrige Freundinnen.“

„Wie sieht es mit Männern aus“

„Wo denken sie hin, Herr Kommissar? Sie ist ein anständiges zwanzigjähriges Mädchen. Meine kleine Ada. Wenn sie den gefunden haben, der das gemacht hat, werde ich... „

„Die Bestrafung wird Sache des zuständigen Gerichts sein, und nicht ihre. Können wir nun in den Keller gehen, der Pathologe wartet sicher schon.“

***

Achmed Izmir identifizierte die Tote sofort als Ada Izmir. Laut Obduktionsbericht war die junge Frau im zweiten Monat schwanger.

„Doch nicht so anständig und züchtig, wie der Vater meinte,“ merkte Maurer an, als Achmed Izmir gegangen war.

„Zunächst sollten wir versuchen festzustellen, ob sie hier am Baggersee getötet wurde oder schon tot hergebracht wurde.“ meinte Brinkmann dann.

„Reifenspuren nach so langer Zeit sind Fehlanzeige,“ sagte Maurer bedauernd. „Ich werde den Herrn Izmir bitten, uns eine Liste der Freundinnen und Freunde seiner Tochter zusammenzustellen und von Leuten, mit denen sie in letzter Zeit Umgang gehabt hat.“

Die erste dieser Liste war ihre „Beste Freundin“ namens Leila Özak.

Leila Özak wohnte bei ihren Eltern in einer Reihenhaussiedlung am Stadtrand.

„Sind sie gleichfalls Türkin, wie Ada Izmir?“

„Ja, Meine Eltern stammen aus demselben Dorf, wie ihre Eltern.“

Nach einer Minute beredten Schweigens fragte sie: „Was ist mit Ada? Ist sie...?“

Brinkmann nickte und fuhr fort: „Ja. Leider. Sie wurde tot aufgefunden. Wir hoffen auf Ihre Hilfe bei der Aufklärung der Hintergründe, Frau Özak.“

Dann schwieg sie wieder kurz, und sagte, von Tränen geschüttelt: „Es ist schlimm, so schlimm, was Ada passiert ist. Ich weiß nichts Näheres, aber fragen sie mal ihren Freund.“

„Hat dieser Freund einen Namen, was wissen sie über ihn?“

„Er heißt Thomas, Thomas Ende. Er arbeitet als Reiseverkehrskaufmann in der Firma ihres Vaters. Er ist 25 Jahre alt und ein sehr sympathischer junger Mann, einer, den viele Mädchen sich als Freund wünschen. Aber Ada hatte den Vorteil, dass ihr Vater, ääh, reich ist.“

„Frau Özak, nun noch eine wichtige Frage. Wussten sie, hmm, wussten sie, dass Frau Ada Izmir schwanger war?“

„Oh Gott, nein, nein, unmöglich, das darf nicht sein! Wenn das ihr Vater erfährt! Das wäre eine Katastrophe! Sind sie da sicher, ganz sicher?“

„100 % sicher“

Brinkmann hakte nach:

„Warum ist das so schlimm?“

„Denken sie an den Ruf der Familie, der ganzen Familie. Nein, Nein!“

„Leila, wenn das bekannt worden wäre, was wäre dann passiert?“

„Ihr Vater hätte sie zurück in die Türkei gebracht. Sie hätte irgendeinen alten Mann heiraten müssen, in einem anatolischen Dorf in den Bergen. Wenn sie Glück gehabt hätte. Wenn nicht, wäre sie umgekommen; aber auf jeden Fall wäre ihr etwas Schlimmes passiert.“

„Das sind archaische Zustände, wie im Mittelalter.“

„Die Ehre der Familie steht über allem.“

***

Der Reiseverkehrskaufmann Thomas Ende wurde am nächsten Tag zu einer ersten Vernehmung vorgeladen.

Der ideale Schwiegersohn. Jede Schwiegermutter würde sich nach ihm die Finger lecken, dachte Maurer, als er ihn zum ersten Mal sah.

„Wann haben sie Ada Izmir zum letzten Mal gesehen, wann mit ihr zum letzten Mal gesprochen?“ fragte Maurer gleich den jungen Mann“

„Genau weiß ich das nicht mehr.“ Er blätterte in einem kleinen Taschenkalender.“ Da, am 15. Dezember waren wir noch im Zirkus und danach im ‚Anadolu‘ zum Essen. Das war der letzte Tag, unser letzter Tag. Am 17. Dezember waren wir wieder verabredet, aber sie kam nicht zu dem Treffen. Auch das Telefon war unbesetzt, nur der Anrufbeantworter ging. Ich habe sie mehrmals um einen Rückruf gebeten, aber sie hat nicht mehr geantwortet. Ich sagte mir, wahrscheinlich ist sie in der

Türkei, wie so manches Mal vorher. Auch mehrere Anrufe in der Firma waren sinnlos – niemand wusste, wo sie war. Ich habe mir ernsthaft Sorgen gemacht. Heute wissen wir, zu Recht. Sie war und blieb verschwunden. Heute wissen wir, warum. Es ist furchtbar, ich habe sie geliebt. Irgendwann wollten wir heiraten, wenn ihr Vater es erlauben würde."

„Wussten sie, dass sie schwanger war?"

„Von mir?"

„Ich weiß es nicht. Ein DNA-Test wird uns Aufschluss geben. Noch einmal die Frage: Wussten sie, dass sie schwanger war?"

„Nein. Aber Ihr Vater würde durchdrehen, wenn das wahr wäre."

„Können sie uns eine Speichelprobe überlassen für den Test?"

Er zögerte einen Moment, dann sagte er mit fester Stimme: „Ja"

Maurer öffnete ein Glasröhrchen und zog ein neues Wattestäbchen heraus. Damit strich er dem jungen Mann über die Zunge und verschloss das Wattestäbchen sofort wieder.

„Noch etwas," fuhr Maurer fort, „was ist mit Frau Izmir, der Mutter von Ada. Kennen sie sie?"

„Nein." Thomas Ende schüttelte den Kopf. „Ich habe sie nie gesehen. Sie ist in der Türkei. Früher war sie wohl für mehrere Jahre in Deutschland. Aber sie fühlte sich nie heimisch hier. Soviel ich weiß, lebt sie in Istanbul. Deshalb flog Ada auch mehrmals im Jahr runter, aber immer nur für ungefähr ein oder zwei Wochen. Als sie verschwunden war, dachte ich, sie sei wieder einmal in der Türkei. Seltsam war allerdings: sie hat sich nicht verabschiedet, wie sonst immer.“ Thomas Ende war sichtlich erschüttert. Er schüttelte mehrmals den Kopf und murmelte vor sich hin: „Ada, meine Ada.“

Er sah Brinkmann ins Gesicht. „Wir wollten heiraten, irgendwann.“

„Wann?“, fragte Brinkmann neugierig.“ Hatten sie schon einen Hochzeitstermin bestimmt“

„Nein, wir haben es immer wieder aufgeschoben.

Ada wollte zuerst mit ihrer Mutter reden. Zuerst dachte ich, das sei der Grund, dass sie zu Hause sei.

Und jetzt diese Nachricht. Es ist schrecklich, ganz schrecklich.“

Er schüttelte wieder den Kopf.

„Können wir diese Befragung abbrechen, Herr Komissar? Weil, na ja, mir ist ganz schlecht, nach dieser Nachricht.“

Er setzte sich aufrecht auf einen Stuhl und schaute zu Boden.

„Das alles hat mich sehr mitgenommen.“

Brinkmann schaute Maurer, dann Ende an.

Er war ungehalten, sagte dann aber: „Wenn ihnen das eher passt. Gut, aber wir kommen wieder. Morgen, um 10 Uhr, einverstanden“

„Ja,“ murmelte Ende leise.“ Ich denke, das ist besser. Morgen um 10 Uhr. Bis dann also.“

Am nächsten Morgen standen Brinkmann und Maurer vor einer verschlossenen Tür – niemand öffnete auf ihr Klingeln. Maurer sagte:

„Der Vogel ist wohl ausgeflogen. Als ob ich das nicht geahnt hätte. Das alles kam mir gleich etwas seltsam vor. Und was machen wir jetzt? Sollen wir eine Fahndung einleiten?“

„Ja, das volle Programm,“ antwortete Brinkmann,

„wenn der meint, er könne uns verscheissern, hat er sich getäuscht“.

„Ganz heftig,“ stimmte Maurer zu.

Noch am selben Tag lief die Großfahndung an.

Doch Thomas Ende blieb verschwunden.

****

Am selben Mittag gegen zwölf Uhr, rief Achmet Izmir in Istanbul bei seiner Frau Nuray an, um sie von dem schrecklichen Ende der gemeinsamen Tochter Ada zu informieren.

Sie brach zunächst in ein haltloses Schluchzen aus, dann beschimpfte sie ihren Mann. „Du hättest dich mehr um unsere Tochter kümmern sollen. Nur Verbote sind bei einem Mädchen in ihrem Alter fehl am Platze. Sie bewirken lediglich, dass sie sich auflehnen und das Gegenteil des Erwünschten machen. Aber du hast wie immer keine Zeit gehabt, genau wie bei mir. Ich kenne dein Verhalten sehr gut. Du erzählst immer, du hättest keine Zeit. Die wichtigen Sachen des Lebens sind dir egal. Jetzt ist das Verbrechen an Ada passiert durch deine Schuld. Ich verfluche dich.“

„Und was machst du die ganze Zeit? Du amüsierst dich mit deinen Freundinnen in dem Haus in Istanbul.

In dem Haus, das ich für uns gebaut habe, für später, wenn ich einmal Zeit habe. Aber das interessiert dich nicht." Er knallte den Telefonhörer in die Gabel zurück und murmelte bei sich: „Wenn ich nur wüsste, warum der gottverfluchte Akay meine Tochter Ada umgebracht hat. Er sollte sie nur verschwinden lassen. Er hätte sie in eines der kleinen Dörfer im anatolischen Hochland bringen können. Wenn sie dort verheiratet wäre, wäre das Problem für immer gelöst und meine Familie von diesem Makel für ewig befreit. Aber sie hier in Deutschland zu beseitigen – das ging weit über unsere Vereinbarung hinaus. Man sollte mit der Beseitigung eines Problems keinen Außenstehenden beauftragen. Auf jeden Fall keinen, der geistig so minder bemittelt ist wie Akay, dieser elende Bastard."

Am nächsten Tag wurde ein Toter aufgefunden, der nach den bei ihm aufgefundenen Personalpapieren als ein türkischstämmiger Staatsbürger namens Akay Aygun identifiziert wurde.

***

„Jetzt haben wir die zweite türkischstämmige Leiche in unserer Stadt. Wo soll das hinführen?", fragte Brinkmann am nächsten Tag, als Maurer das Büro betrat.

„Bei Ausländern fällt eine übergroße Menge an Papierkram an, mehr als doppelt so viel wie bei Deutschen. Und dazu benötigen wir immer wieder die Dienste von Dolmetschern, um die Aussagen hieb- und stichfest für gerichtsfeste Beweise zu machen. Man sollte einen bestimmten Prozentsatz an türkischstämmigen Einwanderern, zu Polizisten ausbilden und einstellen. Die Ermittlungstätigkeit würde reduziert werden, ausserdem lassen sich ausländische Ermittler nicht so schnell von ihren Landsleuten ein X für ein U vormachen. Sie packen ihre Landsleute auch nicht mit Samthandschuhen an."

Brinkmann sah Maurer mit einem stechenden Blick an „Dieses Geschwafel von einem Polizeikomissar will ich nicht gehört haben. Wenn mir so etwas noch einmal zu Ohren kommen sollte, werde ich persönlich deine Versetzung oder Entlassung beantragen. Merke dir das bitte! Und jetzt zu unserem neuen Fall. Wer ist dieser Akay Aygen? Was wissen wir über ihn. Ist er schon mal aufgefallen?"

„Nein, es ist nichts bekannt über ihn, außer, dass er ein Neffe von unserem Achmet Izmir ist, beziehungsweise war. Der Sohn seiner Schwester."

„Hat dieser Akay Aygen noch andere lebende Verwandte?"

Maurer warf einen kurzen Blick auf seinen Tablet-Computer. „Aygen hat noch einen Bruder namens Acar, Acar Aygen. Er ist ein Zwillingsbruder von Akay. Beide sind 24 Jahre alt. Das ist alles, was ich jetzt herausfinden konnte." Er schwieg einen Moment, dann fuhr er wieder fort: „Ach ja, beinahe hätte ich das vergessen: Acer Aygen hat eine dreijährige Haftstrafe in der Türkei hinter sich, wegen professionellen Autodiebstahls."

„Sonst noch was?" Brinkmann ließ sich seine schlechte Laune anmerken.

Maurer schüttelte den Kopf." Mehr ließ sich nicht er-

mitteln. Über dir beiden Asozialen nicht."
„Wieso nennst du die beiden Asozialen so?"
Brinkmann war ärgerlich. Soeben hatte er die beiden Türken genauso wie Maurer als Asoziale bezeichnet. „Das muss ein Ende haben. Maurer, höre genau zu, was ich dir jetzt sage. Es geht nicht an, dass du diese Türken als asozial bezeichnest, obwohl dir genaue Kenntnisse von beiden Leuten fehlen. Ich habe dich schon mehrmals gewarnt. Jetzt reicht es mir endgültig. Jetzt bist du raus aus diesem Fall. Dann wird Möller eben an deine Stelle treten. Das ist kein Scherz von mir, das ist todernst für mich. Du kannst dich von mir aus wieder mit Wohnungseinbrüchen beschäftigen, wie du es schon früher gemacht hast. Räume gleich deinen Schreibtisch, und gehe ins Einbruchsderzernat. Tschüss, werde dort glücklich."

Brinkmann war sauer, aber dieses vorurteilsbeladene Verhalten von Maurer ging ihm dermaßen auf den Wecker. Na ja, dann wird Möller an seine Stelle treten! Er griff zum Telefonhörer und wählte die direkte Durchwahl von Möller.

***

Möller war zuerst unwirsch, weil Brinkmann ihn von einem Fall im Einbruchsdezernat abzog. Außerdem stand Brinkmann im Ruf, ziemlich ruppig mit seinen Mitarbeitern umzugehen. Aber Brinkmann stand kurz vor seiner Pensionierung und Möller sah die Gelegenheit, falls der Hauptkommissar seinen laufenden Fall nicht beenden würde, eventuell in zwei Monaten an die Stelle Brinkmanns treten zu können.

„Wir sind unter Zeitdruck mit den laufenden Fällen Ada Izmir und Achmet Aygen. Ich bin sicher, dass die beiden Fälle irgendwie zusammenhängen. Also bemühe dich bitte, die Akten schnell zu durchforsten. Viel Zeit bleibt uns nicht mehr, und ich hätte beide Fälle gerne aufgeklärt, bevor ich in die Rente gehe."

Möller mochte es nicht, unter Zeitdruck zu arbeiten, aber in diesen beiden Fällen stand eine Belobigung in Aussicht. Außerdem bestand die realistische Möglichkeit, Brinkmann zu beerben, falls die Fälle noch nicht abgeschlossen waren, wenn Brinkmann in Rente gehen würde. So kam es, dass Möller entgegen seiner Gewohnheit die Akten der beiden Fälle mit nach Hause nahm.

***

Zwei Tage später befand sich Achmet Izmir in seiner dicken Limousine auf dem Weg nach Hause.

Er bog vom Heumarkt in die nächste Straße nach links ab. Da geschah es. Der kleine Kombi versperrt den Weg. Er bremste scharf und versperrte der Limousine den Weg. Achmet Izmir wollte an dem Kombi vorbeifahren. Da bemerkte er einen Revolver, der auf ihn gerichtet war. Er drückte das Gaspedal bis zum Anschlag nieder, aber im selben Moment gab es einen heftigen Knall. Das Geschoß durchschlug die Frontscheibe der Limousine und streifte den Kopf des Reiseunternehmers über dem linken Ohr.

Ein zweites Geschoß streifte den Hals des zusammengekrümmt sitzenden Türken oberhalb des Kehlkopfes, der nun endgültig auf dem Fahrersitz zusammensackte. Mit seinem Oberkörper fiel er auf die Hupe, die umgehend lärmend losheulte.

Ein zufällig vorbeigehender Passant beobachtete den Anschlag. Er bat seinen Gesprächspartner, die Polizei und einen Krankenwagen zum Heumarkt anzufordern.

***

Als Brinkmann von diesem Anschlag erfuhr, machte er sich umgehend auf den Weg zum nahegelegenen Stadtkrankenhaus. Nachdem er von dem behandelnden Stationsarzt erfahren hatte, dass die Verletzungen des Türken eine kurze Befragung erlaubten, begann er mit der angekündigten Vernehmung. Achmet Izmir erklärte ihm kategorisch, dass er weder private noch geschäftliche Feinde habe und sich den erfolgten Anschlag nicht erklären könne. Es müsse sich um eine Verwechselung oder um einen Irrtum handeln.

Als Brinkmann ihm danach vorhielt, dass es sehr wohl einen Augenzeugen gäbe, der sich gemeldet habe und die Zulassungsnummer des Unfallgegners gemeldet habe, und der Beteiligte des Anschlages der Bruder des kürzlich ums Leben gekommene Akay Aygen, Acar Aygen sei, verstummte Achmed Izmir.

„Warum soll Acar Aygen etwas gegen mich haben? Ich habe die Brüder Acar und Akay Aygen schon lange nicht mehr gesehen. Außerdem hatte keiner von beiden etwas gegen mich. Da bin ich mir absolut sicher."

Brinkmann antworte:“ Nun, dieser Acay ist erst kürzlich ums Leben gekommen. Herr Izmir, können sie mir einen Grund für den Tod von Acay Aygen nennen?“

„Ich würde den Grund dafür in seiner jüngsten Vergangenheit suchen. Immerhin hat er bis zum Halse in Autoschiebereien gesteckt. Deshalb hat er für mehrere Jahre in der Türkei eingesessen. Sein Tod wird damit zusammenhängen – wegen offener Rechnungen oder ähnlichem. Aber das geht nur die türkischen Behörden etwas an. Danach kam er nach Deutschland und hat seitdem dieses Land nicht mehr verlassen. Antworten auf diese Fragen dürften sie in diesem Land finden. Jetzt möchte ich sie aber ersuchen, zu gehen. Ich bin immer noch angeschlagen, wie sie vielleicht verstehen werden,“

„Herr Izmir, das verstehe ich, aber machen sie sich keine Hoffnung, ich komme wieder. Auf wiedersehen Herr Izmir, bis bald.“

Damit verließ Herr Brinkmann den Geschäftsmann, der ihm sinnend nachsah.

***

Akay Aygen watete nun schon fünf Tage auf das Erscheinen seines Onkels Achmad Izmir vor dessen Büro. So unbehelligt sollte sein Onkel Achmad nicht davonkommen. Immerhin hatte er seinen Bruder Acar auf dem Gewissen, nur weil dieser mit den Lebensumständen seiner eigenen Tochter nicht klargekommen war. Dann sah er, wie Achmad langsam in sein Bürohaus schlenderte. Begleitet wurde er von seinem Angestellten Thomas Ende.

Akay hielt die Luft an. Diesmal musste es klappen. Sein Bruder Acar verlangte diese letzte Rache von ihm.

Aygen hatte seine Waffe in der rechten Hand.

Fünf Meter von seinem Onkel entfernt, drückte er seine Pistole ab. Mehrmals. Er sah Thomas Ende, den Begleiter seines Onkels, zu Boden gehen. Einen Knall später fiel auch sein Onkel Achmad tödlich getroffen zu Boden. So fanden die familiären Streitigkeiten dieses bedeutenden türkischstämmigen Clans sein abruptes Ende.

Die Frau im Schnee

Er hing mit dem Gesicht fast an der Scheibe.

Im Radio hatten eine Wetterwarnung durchgegeben: „Es ist vereinzelt mit Schneeregen zu rechnen. Fahren sie bitte langsam. Stellen sie sich mit Ihrer Fahrweise auf Straßenglätte ein.“

Aber er musste noch heute nach Dudweiler – nur zehn km werden leicht zu schaffen sein. Eine halbe Stunde maximal. Der Kunde wollte die Versicherung abschließen.

Er verringerte die Geschwindigkeit – 15 km zeigte der Tacho an. Er überlegte kurz – sollte er zurückfahren? Nein.

Der Niederschlag war in Schnee übergegangen. Die Dämmerung war der grauen Nacht gewichen.

Wenn es nur nicht anhält, dieses verdammte Wetter.

Seine Augen wurden müde. Er blinzelte in die Nacht, die langsam die Oberhand gewann.

Da sah er sie am Straßenrand stehen. Der rechte Arm war ausgestreckt, die kleine Faust geballt und der Daumen nach oben gestellt.

Normalerweise nahm er keine Tramper mit, aber heute hielt er ausnahmsweise an.

„Ich fahre nach Dudweiler, sie können ein Stück mitfahren“, sagte er mit fester Stimme.

Sie nickte, stumm, öffnete die Beifahrertür. Er sah sie genauer an. Tränen liefen ihr über die Wangen, aber sie setzte sich schnell auf den Beifahrersitz und wischte sich mit einem Taschentuch energisch die Augen trocken.

Sie drehte sich zum rechten Fenster, sah hinaus.

Er gab Gas, wurde aber sofort wieder langsamer. Die Räder hatten durchgedreht – langsam, langsam. Sonst kommst du nie an.

Er sah ihr direkt in die Augen, als sie sich ihm zuwandte und mit weinerlicher Stimme sagte „Mein Mann hat mich wieder geschlagen. Ich kann nicht mehr zurück."

„Ich werde sie bei der Polizei raus lassen"

„Nein, nicht die Polizei. Die bringen mich doch wieder zurück, und dann geht der Mist von vorne los."

„Aber es wird Nacht – gut, sie können noch etwas warten, wenn ich meinen Kunden berate. Aber eine Stunde, dann werde ich sie raus werfen. Ich muss heim."

Nach zehn Minuten fuhr er rechts ran und stieg aus. Ein Blick auf die Armbanduhr: halb sieben

„Bis gleich, dann ist Sense, so oder so."

Der Kunde war nicht zu Hause. Er schellte auch an den beiden anderen Hausklingeln. Nichts. Wie ausgestorben das Haus.

Er kam zum Auto zurück und setzte sich auf den Fahrersitz. „Ich warte jetzt noch eine viertel Stunde. Der Kunde wird sich verspätet haben,. Dann fahre ich sie zur Polizei. Ich muss nach Hause." Seine Stimme klang entschlossen.

Sie schluchzte lauter und schüttelte sich.

Unter Tränen stammelte sie: „Kann ich noch eine Stunde warten – hier im Auto?"

„Es ist zu kalt, sie werden sich erkälten."

„Das ist egal“, stammelte sie.

Er sagte bestimmt: „Nein, das ist nicht egal.“

Er betonte das „nicht“. Seine Stimme klang gereizt, vielleicht zu gereizt.

Aber das war jetzt auch gleichgültig. „Ich muss nach Hause. Gleich.“

„Und wenn ich mit ihnen komme. Ich werde ihre Frau nicht stören“

„Ich habe keine Frau mehr – ich bin seit zwei Jahren geschieden“

„Oh, das tut mir leid.“

„Das braucht ihnen nicht leid zu tun. Sie ist weg, weg mit einem anderen.“

„Kann ich nicht doch mit ihnen kommen, nur für eine Stunde. Vielleicht – vielleicht weiß ich dann, was ich tun soll.“

„Na ja, ist ja auch egal. Wenn sie unbedingt wollen, können sie mitfahren.“

Eine halbe Stunde später waren sie vor seinem Haus angekommen.

Der Schnee fiel inzwischen dichter, noch dichter und bildete eine geschlossene Schneedecke. Er hielt langsam an, ließ den Wagen ausrollen.

Beide stiegen vorsichtig aus.

„Ich gehe voran“, murmelte er. Sie nickte, umrundete das Auto und folgte ihm.

Sie betraten das Haus – es war gut beheizt.

Er knipste in Diele und Wohnzimmer das Licht an.

Sie betraten das Wohnzimmer. „Kommen sie“, sagte er, als er sah dass sie zögerte.

„Hier“ Er ging voran

„Mein Gott, sie haben ja nasse Haare“ Sein prüfender Blick glitt an ihr herunter.

„Und ihr Kleid ist auch nass.“

Er ging ins Badezimmer und kam mit einem frischen Handtuch zurück.

„Trocknen sie ihre Haare – Sie holen sich ja den Tod“.

„Nein, kommen sie mit ins Badezimmer und ziehen sie sich den Bademantel über. Das ist besser.“

Nach fünf Minuten im Badezimmer erschien sie wieder. In seinem Bademantel.

„Ich habe mein Kleid über den Heizkörper gelegt. Zum Trocknen“

Die Haare standen ihr zu Berge. Offenbar hatte sie sie trocken gerubbelt.

„Sie sind ein guter Mensch“, sagte sie, als sie neben ihm stand. Ein schüchternes Lächeln stand ihr im Gesicht. „Ein guter Mann! Mein Mann schlägt mich immer wieder, besonders wenn er betrunken ist. Und er ist oft betrunken – er ist arbeitslos. Schon seit zwei Jahren. Ich halte das nicht mehr aus, nicht mehr.

Kann ich mich setzen?“

„Bitte, entschuldigen sie, ja, selbstverständlich“

Als sie saß, musterte er sie verstohlen. Das Gesicht war passabel, nicht ohne Reize. Kurze rehbraune Haare. Dunkelbraune Augen. Ihre Grösse schätzte er auf 1,65. ihr Alter auf etwa dreissig Jahre. So musste jetzt seine Frau wohl ähnlich aussehen, aber sie war weg. Er hatte sie seit zwei Jahren nicht mehr gesehen, seit sie in diese Kleinstadt in Süddeutschland gezogen war. Zu ihrem neuen Freund – oder inzwischen ihrem Mann. Zuzutrauen war es ihr, dass sie inzwischen wiederverheiratet war, ohne ihn verständigt zu haben.

Er setzte sich in den großen Sessel – seinen Lieblingssessel.

„Wollen sie etwas trinken?“

Sie zögerte.

„Tee, Wasser, Bier, Wein?“

„Wasser“

Sie stand auf, er ebenfalls.

„Bitte bleiben sie sitzen. Ich hole Wasser. Ist das die Küche?“

Sie zeigte zur Küchentür und sah ihn an. Er nickte. Sie verschwand in der Küche. „Wollen sie auch was?“, rief sie.

Ja, ein Bier. Ist im Kühlschrank.

Er hörte sie hantieren. Die Kühlschranktür öffnete sich und fiel wieder zu.

Sie kam zurück ins Wohnzimmer und stellte eine Flasche Bier und ein Glas vor ihn auf den großen Tisch. Dann ging sie noch einmal und kam mit einem Glas Wasser zurück. Sie setzte sich und sah zum Boden.

„Sie sind ein guter Mann. Dass ich sie heute hier überfalle, tut mir leid. Ich konnte nicht mehr zu Hause bleiben. Sehen sie.“ Sie hob die Haare über dem rechten Auge. Er sah die blutunterlaufene Schwellung. Dick, unübersehbar, sehr dick.

„Wir sollten sie ins Krankenhaus bringen. Vielleicht ist etwas gebrochen oder sie haben eine Gehirnerschütterung. Für alle Fälle.“

„Nein, das ist nicht nötig. Danke. Er schlägt mich öfter. Überall hin. Sehen sie.

Hier und hier und hier."

Sie zeigte auf mehrere Stellen an den Armen.

„Deshalb kann ich nicht mehr zurück."

„Es gibt irgendwo ein Haus für misshandelte Frauen. Wenn es zu schneien aufhört, werde ich sie dorthin bringen, wenn sie nicht zur Polizei wollen. Das ist die beste Lösung. Oder haben sie sonst jemanden"

„Ja, Anna, meine beste Freundin. Ich habe auch eine Tante in Frankfurt. Die würde mich auch aufnehmen. Dort könnte ich bleiben, auch länger, wenn es sein müsste."

Sie schwiegen beide.

Er stand auf und schaute zum Fenster hinaus. Immer mehr Schnee.

„Jetzt fahren zu wollen, wäre Wahnsinn. Ich habe oben ein Gästezimmer, da können sie über Nacht bleiben, wenn sie wollen. Bis morgen früh, dann müssen sie gehen."

Sie nickte, lächelte wieder: „Das ist sehr, sehr nett von ihnen. Ich wüsste nicht, was ich sonst machen sollte. Vielen Dank! Mein Name ist übrigens Ilona, Ilona Steinfurt."

Sie stand auf, ging zu ihm und hielt ihm die Hand entgegen.

Er erhob sich, nahm ihre Hand, schüttelte sie vorsichtig und sagte „Frings, Gerhard Frings, sehr angenehm. Jetzt habe ich aber doch Hunger. Wollen wir etwas essen gehen?"

Sie sah zum Fenster, wollte etwas sagen, aber er schnitt

ihr die Worte ab.

„Vier Häuser weiter ist ein Gasthaus. Wenn es auf hat, können wir dort was essen“

Er ging zum Fenster und sah hinaus.

„Bingo, wir haben Glück, es ist offen.“

„Gut, ich schaue nach meinem Kleid – es dürfte inzwischen trocken sein. Haben Sie einen Kamm für mich?“

„Im Badezimmerschränkchen muss einer sein“

„Danke, Sie sind sehr nett, aber das habe ich schon gesagt!“

Sie verschwand für fünf Minuten im Badezimmer. Als sie wieder erschien, sah sie richtig adrett aus.

Er hielt einen Kapuzenanorak in der Hand. „Nehmen Sie den; er ist alt, aber trocken. Können wir jetzt gehen, nicht dass die noch zumachen.“

Nach drei Minuten betraten sie die Gaststube. Zwei Tische waren besetzt.

Es war warm und gemütlich. Sie nahmen Platz

Nach einer umfangreichen Abendmahlzeit bestellte er sich ein Bier und lud sie zu einem Glas Rotwein ein. Dankend lehnte sie ab und bestellte sich auch ein Bier. „Rotwein ist zu stark für mich. Ein gebranntes Kind scheut das Feuer. Mein Mann trinkt immer Rotwein und Schnaps. Dabei rastet er immer öfter aus. Die Ergebnisse sehen sie an meinem Auge und an meinen Armen. Ich halte es nicht länger aus.“

Nach einer Pause fuhr sie fort: „Wäre es zu viel verlangt, wenn ich sie bitte, mich morgen früh kurz nach Hause zu fahren. Ich müsste ein paar Sachen packen und dann schnell wieder weg. Ich will morgen zu meiner Tante nach Frankfurt. Sie freut sich immer, wenn sie mich sieht."

Er lehnte sich zurück. „Morgen ist Samstag, da habe ich frei. Also kein Problem."

„Wenn mein Mann sie sieht, wird er mich nicht schlagen; Sie sind groß und stark. Dann brauche ich auch keine Angst vor ihm haben. Wenn sie dabei sind..." Sie schluchzte wieder, blickte zur Wand.

Er sagte: „Kommen sie Ilona, wir wollen gehen. Sie machen bald zu hier und für sie war das sicher ein harter Tag heute. Wir sind inzwischen die letzten Gäste."

Der Wirt gähnte laut vernehmlich. Gerhard bat um die Rechnung.

Als er bezahlt hatte, standen sie auf. Sie verließen das Lokal.

Zu Hause angekommen, ging Gerhard vor zum Gästezimmer, nachdem er vorher in seinem Schlafzimmer einen neuen Pyjama geholt hatte. Er legte ihn auf das Gästebett und sagte: „Dahinten ist das Gästebad. Können wir uns darauf einigen, dass wir um halb acht aufstehen. Wir trinken dann in Ruhe Kaffee und schauen zu, dass wir gegen halb neun bei ihnen zu Hause sind."

Sie nickte wortlos und sagte dann: „Nochmal vielen Dank für alles und..." Sie sprach nicht weiter, schüttelte den Kopf und zog die Tür zu.

Er legte sich in sein Bett, löschte das Licht und schloss die Augen. Er schlief nicht sofort ein, sondern ließ die heutigen Ereignisse noch einmal vor seinem inneren Auge Revue passieren. Die Frau tat ihm leid. Dann schlief er ein.

*****

Nach einer Stunde wachte er wieder auf. Er musste zur Toilette.

Auf dem Rückweg sah er den schmalen Lichtstreifen unter der Tür des Gästezimmers.

Sie hat vergessen, das Licht auszumachen.

Er ging zur Tür, und klopfte vorsichtig dreimal. Als er keine Antwort hörte, drückte er vorsichtig die Klinke nieder. Er schaute ins Zimmer: sie saß aufrecht im Bett.

„Sie können nicht schlafen. Kann ich verstehen. Aber morgen wird alles gut. Schlafen sie jetzt."

Sie schüttelte den Kopf – Tränen standen in ihren Augen." Er ist so gemein, so gemein"

Er ging zu ihr und streichelte ihr über den Kopf. „Morgen wird alles gut, sie werden sehen."

Statt einer Antwort hob sie ihm die Arme entgegen." Kommen sie zu mir, Gerhard, und halten sie mich fest, ganz fest!"

Aus dem Streicheln wurden Küsse, Küsse einer tiefen Lust

Gerhard verbrachte diese Nacht bei ihr, eine wunderbare Nacht, bei ihr.

*****

Am nächsten Morgen gegen halb acht standen sie auf. Nach dem Duschen bereitete Gerhard eine große Kanne Kaffee. Er las in der Tageszeitung, als sie in die Küche kam. Sie setzte sich neben ihn und goss Kaffee nach. Als sie sah, dass er ihrem Blick auswich, sagte sie leise: „Das mit heute Nacht braucht dir nicht peinlich zu sein. Mir ist es auch nicht peinlich, überhaupt nicht peinlich. Mir hat es Spaß gemacht, großen Spaß sogar, nach so langer Zeit. Mein Mann und ich, wir haben schon lange nicht mehr zusammen geschlafen; mindestens ein Jahr. Es geht nicht mehr."

„Ich verstehe, ja, es war schön, auch für mich. Ich wäre dir dankbar, wenn wir uns bald auf den Weg machen könnten. Ich habe nachher noch einige Sachen zu erledigen, Sachen, die ich nur samstags erledigen kann."

„Gut, dann gehen wir bald."

Er stand auf. „Ich gehe schon vor, das Auto warmlaufen lassen. Die Heizung ist schwach. Dann wird es nachher schneller warm."

Der Schneefall hatte aufgehört. Gerhard kehrte den Schnee vom Auto, während der Motor lief.

*****

Zehn Minuten später waren sie auf dem Weg zu ihr nach Hause. Es war nicht weit entfernt, aber der Schnee zwang Gerhard immer wieder zur Fahrt im Schritttempo.

„Hier vorne, da ist es." Sie zeigte auf das nächste Häuschen, klein, aber schmuck. Gerhard stoppte den Wagen direkt vor der Garage.

„Sieht ganz nett aus."

„Ja, ganz nett, nur nicht mehr lange. Wir können schon seit langem die Raten nicht mehr bezahlen.

Es kamen schon zwei Pfändungsdrohungen der Bank."

Mit dem Hausschlüssel in der Hand ging sie auf die Haustür zu. Sie sagte zu Gerhard, während sie den Schlüssel im Schloss drehte, über ihre Schulter: „Komm".

Gerhard folgte ihr ins Haus. Er hörte eine hasserfüllte Stimme.

„Da bist du ja endlich. Na, hast du schon einen Freier mitgebracht."

Auf dem Treppenabsatz oben stand ein Mann, schwankend und undeutlich sprechend." Was willst du hier?"

Er sah Gerhard bösartig an.

„Ihre Frau will ein paar Sachen holen, und dann gleich weg nach Frankfurt."

„Ha, ha, wenn ich sie lasse."

„Ihre Frau kann kommen und gehen, wann sie will," sagte Gerhard mit fester Stimme.

„So, kann sie das? Wenn ich sie lasse." Er schaute Gerhard direkt ins Gesicht.

„Was hast du überhaupt zu suchen hier?

Wer bist du?"

„Ich bin ein Bekannter ihrer Frau. Sie bat mich, mitzukommen. Weil sie Angst vor ihnen hat."

„Aha, ein Bekannter also. Und du denkst, du kannst sie so einfach mitnehmen?

Einfach so?"

„Wenn ie Schwierigkeiten machen, werde ich die Polizei rufen."

Gerhard drehte sich zu Ilona und sagte mit leiser Stimme:

„Musst du nach oben?"

Sie antwortete verängstigt: „Ja, oben ins Schlafzimmer."

„Dann komm jetzt. Er wird dir nichts tun."

Er ging vor ihr her nach oben. Sie folgte zögernd.

Auf dem oberen Treppenabsatz stellte sich Gerhard neben ihren Mann. Er war etwas kleiner, schwankte und hatte eine starke Fahne, ob von Wein oder Schnaps oder beidem, vermochte Gerhard nicht einzuschätzen. Er roch erbärmlich nach Alkohol. Als die Frau den Treppenabsatz erreicht hatte, machte der Mann einen Schritt auf sie zu. Gerhard griff entschlossen nach seinem Arm, und hielt ihn fest. Er zog ihn zu sich heran, weg von der Frau. Da geschah es. Der Mann stolperte, und versuchte, sich am Geländer festzuhalten. Doch er verlor das Gleichgewicht und torkelte auf die Treppe zu. Er versuchte, wieder am Geländer Halt zu finden, aber er stolperte über seinen rechten Fuß. Er war zu betrunken für gut koordinierte Bewegungen und stürzte kopfüber die Treppe abwärts. Gerhard versuchte noch, ihn am Arm festzuhalten, doch da verlor der Mann endgültig den Halt. Mit einem Fluch ging er zu Boden, und stürzte kopfüber weiter abwärts. Er schlug mit der Stirn auf eine Kante und rutschte rückwärts den Rest der Treppenstufen, sich zweimal überschlagend, hinab. Am Fuß der Treppe blieb er liegen und bewegte sich nicht mehr.

Gerhard eilte die Treppe hinab, um zu helfen. Der Mann lag da, als schliefe er. Ein Zittern lief durch seinen Körper, dann lag er still. Sein Kopf war unnatürlich abgewinkelt, eine Augen geöffnet. Gerhard beugte sich zu ihm herab und suchte am verdrehten Hals seinen Puls zu erfühlen. Doch vergeblich. Er sah nach oben, wo Ilona mit weiten Augen ihn ansah.

„Er hat sich wohl das Genick gebrochen. Wir müssen die Polizei rufen“, sagte Gerhard mit heiserer Stimme.

„Bist du sicher, dass er tot ist?“ fragte sie mit unsicherer Stimme.

„Ich fürchte, ja. Er ist fünf Meter die Treppe herabgestürzt. Der Kopf ist unnatürlich verdreht, die Augen sind geöffnet. Man spürt keinen Puls mehr. Wir müssen zur Polizei.“

„Nein, warte, nicht die Polizei. Sie werden dich beschuldigen, dass du ihn mit meiner Hilfe die Treppe hinuntergeworfen geworfen hast.

Nein, nein, ich habe Angst. Lass uns überlegen, was wir tun können, um Probleme mit der Polizei zu vermeiden.“

„Wie meinst du das?“

„Polizisten suchen immer einen Schuldigen, einen, dem sie schnell was anhängen können, auch wenn der oder die unschuldig ist. Ich habe meine Erfahrungen gemacht und gelernt. Es war schlimm für mich.

Er sah sie fragend und ungläubig an.

„Welche Erfahrungen hast du gemacht?“

„Schlimme, ganz schlimme“

„Welche schlimmen Erfahrungen hast du gemacht?“

„Darüber möchte ich nicht reden, jetzt noch nicht. Ich war halt, wie man sagt, am falschen Ort zur falschen Zeit.“

„Was ist da passiert?“

„Darüber möchte ich auch nicht reden, jetzt noch nicht. Vielleicht später einmal, doch, ganz sicher, später einmal.“

„Und jetzt willst du überlegen, wie wir ‚Problemen' mit der Polizei aus dem Weg gehen"

„Es gibt immer einen Weg. Lass uns reden und über-legen."

„Gut, lass uns reden und überlegen1"

„Aber nicht hier." Sie sah zu dem Toten hin.

„Ihm können wir nicht mehr helfen, wenn er tot ist. Und ich habe Angst vor ihm, auch jetzt noch. Können wir wieder zu dir. Da ist es gemütlicher, viel gemütlicher."

„Gut, fahren wir wieder zu mir nach Hause, wenn du willst."

„Ja, das ist besser. Und hierher wird niemand kommen – es kommt nie jemand hierher. Lass uns bei dir nachdenken, was wir tun können."

„Gut".

*****

Als sie zu Gerhard nach Hause fuhren, taute der Schnee. Die Straßen waren mit dickem Schneematsch bedeckt. Gerhard war in Gedanken versunken.

„Jetzt haben wir uns strafbar gemacht. Wir haben einen Tatort verlassen."

„Es war nur Notwehr. Du hast ihn nicht bedroht. Er war betrunken und aggressiv, er hat uns bedroht. Er wollte mir wehtun. Du hast es verhindert. Das war dein Recht."

*****

Bei Gerhard saßen sie im geräumigem Wohnzimmer.

Er begann das Gespräch. „Wie können wir dem Ärger mit der Polizei aus dem Weg gehen? Was denkst du? Hast du eine Idee?"

„Vielleicht ja. „

„Und wie genau willst du vorgehen?"

„Nun, was wäre, wenn mein Mann verschwinden würde?"

„Wie willst du ihn verschwinden lassen?"

„Wir können ihn beerdigen."

„Wir können ihn nicht einfach zu einem Friedhof bringen."

„Den Friedhof müssen wir vergessen. Wir können ihn in unserem Garten beerdigen."

„Wie meinst du das?"

„Zu unserem Haus gehört ein Garten. Er ist groß, ungefähr eintausend Quadratmeter groß. Wenn wir ihn dort beerdigen, wird er nie gefunden werden."

„Und wenn die Polizei ihn sucht?"

„Ich kann zur Polizei gehen, und ihn als vermisst melden. Sie werden einen Ordner anlegen und die Vermisstenanzeige abheften. Es verschwinden immer wieder mal spurlos irgendwelche Leute. Sie werden denken: Ein Arbeitsloser mit Schulden weniger. Er wollte immer wieder nach Neuseeland oder sonst wohin auswandern. Wenn ich das zu Protokoll gebe, wird schnell Gras über die Sache wachsen. Er wird verschwunden bleiben, glaub es mir! Im letzten Sommer hat mein Mann Kies und Zement kommen lassen, um einen Weg durch den Garten zu betonieren. Er wurde nie fertig damit.

Wenn wir ihn dort beerdigen, und dann dort den Weg

fertig betonieren, wird er nie gefunden werden. Und wir werden nie Ärger mit der Polizei bekommen. Irgendwann wird seine Akte offiziell geschlossen werden, und wir werden zusammenziehen. Was denkst du darüber?“

„Es klingt gut, aber lass mich darüber nachdenken. Ich werde dich jetzt nach Hause bringen, und dich später anrufen. Nach Frankfurt zu deiner Tante willst du jetzt wohl nicht mehr?“

„Nein, das ist jetzt überflüssig. Er schlägt mich jetzt nicht mehr. Er hat seine Rechnung bekommen, und ich habe meine Ruhe vor ihm. Wenn wir nachher bei mir zu Hause sind, kannst du mir noch helfen, ihn zunächst in den Keller zu bringen und ihn dort zu verstecken, bis wir ihn beerdigen können?“

„Langsam, langsam, ich habe gesagt, ich will nachdenken. Gut. In den Keller bringen können wir ihn. Aber dann will ich in Ruhe nachdenken. Versteh mich bitte! Ich werde dich dann anrufen, wenn ich weiß, was ich tun werde.“

„Gut, gut“

*****

Er verbrachte später mehrere Stunden mit dem Abwägen von Für und Wider ihres Planes. Schließlich rief er bei ihr an und teilte ihr seinen Entschluss mit.

„Ich bin einverstanden. Denkst du, dass wir ungestört sind, wenn wir es wie besprochen erledigen?“

„Das nächste Nachbarhaus ist durch einen kleinen Wald von unserem getrennt; man kann nicht sehen, was in den benachbarten Gärten passiert. Außerdem – das Wetter ist so schlecht bei diesem Schneeregen, der in Regen übergeht, dass sich niemand freiwillig im Freien aufhält. Wir werden völlig ungestört sein.“

*****

Eine halbe Stunde später war er wieder bei ihr.

„Zeigst du mir den Platz, wo wir ihn – hm – beerdigen können?“

„Komm mit, ich gehe vor.“

Durch den Keller gingen sie nach hinten in den Garten.

Ein unangenehmer Wind peitschte ihnen Regenböen, vermischt mit einzelnen Schneeflocken und Hagelkörnern entgegen. Es war tatsächlich ein Wetter, bei dem jedes Lebewesen einen trocknen, geschützten Platz suchte.

Man hielt sich nur im Freien auf, wenn es unbedingt sein musste.

Gegen dieses nasse, unwirtliche Inferno gingen sie im Garten bis zum Ende des betonierten Weges.

Danach begann eine weite unbefestigte Strecke, die sich in einem kleinen Platz mit Dornengestrüpp verlor.

„Dieser Platz ist für unser Vorhaben bestens geeignet. Da neben dem fertiggestellten Weg liegt der Kies, den mein Mann letzten Sommer hat kommen lassen. In diesem trockenen Verschlag liegen noch mehrere Sack Zement und drei Stahlmatten, die man in den Beton einlegen kann. Wenn wir ein Loch ausheben, ihn da beerdigen und eine Schicht Beton auftragen, kann man ihn nie mehr finden, nie mehr. Aber nun wollen wir ins Haus zurück, es ist sehr ungemütlich hier draußen.“

So schnell es ging, den vielfältigen Regenpfützen ausweichend, eilten sie zurück in den ebenerdigen, trockenen Keller.

*****

In einem Nebenkeller standen neben der Wasseruhr eine Spitzhacke, ein Spaten und zwei große Schaufeln; genau das Werkzeug, das sie benötigten.

„Wir wollen anfangen, solange das Wetter so schön schlecht ist, und sich niemand freiwillig im Freien aufhält. Die Wahrscheinlichkeit, jetzt gestört zu werden, geht gegen Null. Also packen wir‘s an“, meinte Gerhard.

In der nächsten Stunde hoben sie ein Loch aus, in den sie den Körper gut hineinlegten. Als sie ihn in dem Loch untergebracht und mit einer Schicht Erde bedeckt hatten, vermischte Gerhard Kies, Zement und Wasser zu einem Brei, den sie dann auf die Baustahlmatte gossen, die sie vorher auf die Erde gelegt hatten

Als sie das Gemisch festgestampft und geglättet hatten, zogen die beiden eine große Plastikplane über die Grabstelle.

„Nun kann durch den Regen der Zement nicht mehr ausgewaschen werden. Wenn der Beton angezogen hat, entfernen wir die Plane wieder und lassen den Beton in Ruhe fest werden. Dann hat dein Mann seine ewige Ruhe für immer gefunden.“

*****

Zwei Tage später fuhr Gerhard mit Ilona zum nächsten Polizeirevier, um Ilonas Mann als vermisst zu melden. Der Polizeibeamte, der die Anzeige aufnahm, beruhigte Ilona nach Kräften.

„Er wird sicher bald wieder auftauchen. Wir müssen abwarten – vielleicht schreibt er ihnen bald einen Brief aus Neuseeland oder von sonst irgendwo und wird sie auffordern, nachzukommen. Seien sie geduldig. Gewöhnlich melden sich vermisste Personen nach wenigen Tagen zurück. Sie werden sehen, alles wird sich aufklären."

*****

Als sie nach Hause zurückkehrten, öffnete Ilona eine Flasche Wein.

„Zur Feier des Tages. Dass es so einfach würde – wer hätte das denken können.

Nun können wir uns ganz auf uns zwei konzentrieren. Auf jeden Fall danke ich dir nochmal sehr. Jetzt bin ich frei, zu tun, was ich will. Ich liebe dich, ich werde dich immer lieben. Ohne deine Hilfe wäre ich verloren gewesen."

„Es lief in der Tat besser, als wir voraussehen konnten. Er hat seine Rechnung bekommen, für alles, was er dir angetan hat."

Dann küssten und liebten sie sich heftig, wie sie sich noch nie geliebt hatten.

*****

Am nächsten Tag kam Ilona sehr ernst zu ihm. „Ich habe hier einen Brief von der Bank. Sie drohen mit einer Zwangsversteigerung des Hauses. Kannst du nicht mit etwas Geld aushelfen, damit wir den Zwangsverkauf abwenden können. Ich werde versuchen, Arbeit zu finden. Zur Abwendung einer Versteigerung sind zunächst zwanzigtausend Euro fällig. Du hast doch Geld gespart. Dir fiele es nicht sonderlich schwer. Wenn es zur Zwangsversteigerung kommt, haben wir mehr verloren, als wir bis jetzt gespart haben."

Gerhard musste nolens volens zustimmen. Besonders beunruhigte ihn dabei der Gedanke, ein neuer Eigner könnte das Grab im Garten entdecken. Die Konsequenzen für Ilona und ihn waren nicht vorstellbar. Mit seiner reinen Weste wäre es für immer vorbei. Vielleicht würde es sogar zu einer Mordanklage kommen. Ob Ilona im Ernstfall zu ihm stünde, konnte er nicht ahnen. Dafür kannte er sie zu wenig und nicht lange genug.

Von da an schlief Gerhard sehr schlecht. Nach drei Tagen bezahlte Gerhard die geforderte Summe.

Ilona bemühte sich um Arbeit, fand aber nichts, was ihr Spaß gemacht hätte.

Um als Putzfrau zu arbeiten, war sie zu anspruchsvoll. Für eine anspruchsvollere Stelle war sie von ihrer Ausbildung her nicht genügend qualifiziert.

*****

Von da an war Gerhard immer öfter bei Ilona.

Der Frühling kam – zögerlich zuerst – dann aber mit aller Kraft.

Eines Samstagmittags saßen sie im Garten. Die Sonne schien mit der Wärme eines Frühsommers, sodass die Natur schon mit aller Kraft zum Leben erwacht war.

Ilona druckste etwas herum, dann platzte sie los:

„Ich bekam wieder einen Brief von unserer Bank. Vielleicht kannst du dir vorstellen, was sie wollen. Sie wollen wieder neues Geld. Kannst du noch einmal bezahlen. Sobald ich Arbeit habe, werde ich das Geld an dich zurückzahlen. Am Montag werde ich wieder versuchen, Arbeit zu finden. Ich könnte es in einer großen Stadt versuchen, aber das würdest du sicher nicht wollen. Wir wollen doch zusammenbleiben, du und ich."

Gerhard schwankte in seiner Meinung hin und her.

Einerseits liebte er sie sehr, aber andererseits missbilligte er ihre Haltung, was Arbeit anlangte. Seiner Meinung nach war eine Beschäftigung auch als Putzfrau eine ehrenwerte Tätigkeit. Er wusste aber auch, dass eine solche Arbeit für Ilona kaum in Frage käme, aber wenn sie nichts anderes finden würde, warum sollte sie nicht als Putzfrau arbeiten, um wenigstens etwas zur Abzahlung des Hauses beitragen.

„Du kannst nicht ernsthaft wollen", fing sie wieder an," dass ich für andere Leute den Dreck wegmache. Das ist entwürdigend und erniedrigend für mich. Kannst du das nicht verstehen? Ich denke, du liebst mich."

„Ich liebe dich auch, ganz tief und fest, aber ich denke, du könntest auch etwas zur Abzahlung des Hauses etwas beitragen."

„Ich glaube, du liebst mich nicht, jedenfalls nichts so, wie ich dich liebe."

Gerhard bezahlte wieder und hoffte sehr, danach von weiteren Geldforderungen verschont zu bleiben. Jedenfalls bis zum Hochsommer hatte er Ruhe vor neuen Forderungen durch Ilona.

Dann kam es zum Eklat.

Sie saßen an einem warmen Sommerabend im Garten neben dem betonierten Gartenweg. Im gesamten Garten blühten im sommerlichen Überfluss Sträucher und Blumen.

Ilona hatte plötzlich einen Brief in ihren Händen.

„Es ist wieder die Bank. Sie stellen den gesamten Restbetrag der Hausschulden fällig. Es sind achtzigtausend Euro fällig in einer Woche. Wenn wir nicht bis dahin bezahlt haben, werden sie die Zwangsversteigerung veranlassen."

Gerhard ließ sich das Schreiben geben und las es aufmerksam durch.

„Was ist aus den beiden Beträgen geworden, die ich dir schon gegeben habe? Sie sind hier nicht erwähnt."

„Ach du Dummerchen. Mein Mann hat mich immer so knappgehalten. Nie war genug Geld da.

Dank deiner Großzügigkeit ging es mir besser, sehr viel besser."

„Ich habe mich zwar manchmal gewundert, warum du immer wieder neue Kleider getragen hast.."

„Aber ich wollte schön sein, schön für dich. Du fandest die Kleider auch schön. Eine moderne Frau braucht heute neue Kleider, modische Accessoires und viele

Kleinigkeiten. Ich habe mich chic gemacht für dich, nur um dir zu gefallen. Dir haben meine Sachen auch immer gefallen. Ich habe es nur für dich gemacht, nur für dich. Ich habe mich für dich geschmückt, damit du stolz sein kannst auf mich."

„Aber ich wollte nie, dass du das Geld verprasst. Ich habe für mein Geld hart gearbeitet und war immer sparsam."

„Deshalb war ich auch so stolz auf dich. Du warst nie so geizig wie mein Mann. Du warst großzügig, dafür habe ich dich auch geliebt. Du warst besser, viel besser zu mir als mein Mann.

Wenn du nicht mehr zahlen willst, must du hier ausziehen. Dann mag ich dich nicht mehr um mich haben. Wenn dann ein neuer Hauseigentümer meinen Mann findet oder besser die Überreste meines Mannes, und zur Polizei geht, muss ich die Wahrheit sagen. Du weißt, ich kann nicht lügen! Ich werde sagen müssen, dass du ihn die Treppe hinuntergeworfen hast. Dabei starb er, oder stimmt das nicht? Du hast ihn auf dem Gewissen. Es ist schlimm, sehr schlimm, dass wir so weit gekommen sind."

Sie schluchzte hemmungslos vor sich hin.

Er breitete seine Arme aus und zog sie tröstend an sich. Er streichelte ihr hübsches Gesicht.

Beruhigend murmelte er: „Wir werden einen Weg finden, vertraue mir. Lass mich nur nachdenken, etwas nachdenken."

Er dachte nach, drei Tage lang. Dann stand sein Plan fest.

*****

Einen Tag später begann er, seine persönlichen Sachen zusammen zu räumen. Als sie schimpfend die Treppe heraufkam, wartete er, bis sie alle Treppenstufen in dem schmalen, engen Treppenhaus genommen hatte.

Oben angekommen, fauchte sie ihn an: „Zum Dank für meine Liebe willst du dich jetzt aus dem Staub machen! Aber so leicht werde ich es dir nicht machen."

Sie ergriff ihn am Arm und schüttelte ihn zornerfüllt. Darauf hatte er gewartet. Er schlug ihr mit dem Bügeleisen mit aller Gewalt an den Kopf. Dann gab er der torkelnden Frau einen heftigen Stoß mit seinem Ellenbogen, so dass sie rückwärts die Treppe hinab stürzte. Auf ihrem Weg abwärts überschlug sie sich dreimal und blieb reglos auf dem unteren Treppenabsatz liegen. Als sie sich noch einmal rührte, wickelte er sie sicherheitshalber in eine stabile Folie ein.

*****

Sie fand ihre letzte Ruhestätte in der folgenden Nacht im spätsommerlichen Garten neben ihrem leider zu früh verstorbenen Mann.

Die Erbschaft

„Brauchen könnt‘ ich es auch“

Theodor Maier sagte die Worte in seinem sanftmütigen Tonfall, der so typisch für ihn war. „Aber wir wissen ja nicht, was mit Paul ist.“

Erwin Maier erwiderte barsch. „Der hat kein Recht an dem Land. Der hat sich nie um Vater gekümmert. Ist einfach nach London weg. Und lebt dort sein Junggesellenleben. Und wir machen hier die Arbeit an den Häusern.“

„Warum regst du dich auf, ändern kannst du doch nichts. Wenn Vater sich entschließt, Paul als Erben einzusetzen, soll der es haben. Wir haben jeder ein großes, schönes Haus als vorgezogenes Erbe bekommen. Also sei zufrieden!“

Erwin war immer noch ärgerlich, wie jedes Mal, wenn sie über das Haus ihres Vaters stritten. Besonders ärgerte ihn, dass Theo von dem Ärger anscheinend unberührt blieb. Unberührt und leise. Obwohl sich Erwin nicht vorstellen konnte, dass ihn die Sache mit dem Haus des Vaters nicht auch ärgerte. Aber er war immer schon ein guter Schauspieler gewesen, ein sehr guter Schauspieler. Theo sagte leise in seinem ruhigen Tonfall, der Erwin besonders ärgerte „Wart‘ doch einfach ab, wie er sich entscheidet“

Erwin stand auf und sagte aggressiv: „Ich würde halt sehr gern mein Hotel erweitern. Das wären auf jeder Etage fünf kleine Zimmer und unter dem Dach nochmals drei. Dann würde sich der Betrieb richtig lohnen mit dreissig Zimmern. Vater könnte unterm Dach wohnen, bis er stirbt."

„Mach doch, was du willst. Dieses Gespräch geht mir auf den Keks. Dass du immer davon anfangen musst."

Es verging tatsächlich kaum eine Woche und kein Gespräch, dass er die Rede nicht darauf brachte. Immer nur: das Haus des Vaters, das Haus des Vaters, das Haus des Vaters.

Dann fand man ihn. Er lag in der Quelle. Kopf und Oberkörper lagen unter Wasser. Maria, Erwins Tochter, hatte ihn beim Spielen gefunden. Sie war nach Hause gelaufen, und hatte gerufen: „Mama, Papa, Opa liegt im Wasser, in der Quelle. Ich glaube, er ist tot. Kommt schnell, vielleicht können wir ihn retten."

Man konnte ihn nicht retten, das sah man sofort, als er am Ufer lag. Die Schädeldecke war – offensichtlich mit einem schweren Gegenstand – eingeschlagen, das ausgetretene und verspritzte Blut, machte zusammen mit den offenen Augen jedem klar, dass eine Rettung nicht mehr möglich war. Erwin zog zusammen mit seiner Frau den Leichnam aufs Trockene und sagte: „Ich werde sofort die Polizei rufen"

Der herbeigerufene Oberwachtmeister Huber sperrte zusammen mit dem jungen Wachtmeister Michel das Gelände weitläufig mit Markierungsband ab. Dann rief er in der nahegelegenen Kreisstadt beim Kriminalpolizeiamt an, und informierte den dortigen Diensthabenden über den Leichenfund an der Quelle. Eine Stunde später waren Hauptkommissar Brinkmann und sein Assistent,

Kommissar Maurer zusammen mit einem Beamten des Spurendienstes vor Ort. Sie ließen den Leichnam, nachdem der Kriminaltechniker ihn aus allen Winkeln fotografiert und erste oberflächliche Untersuchungen vorgenommen hatte, in die Pathologie überführen.

*****

Kommissar Brinkmann besprach mit dem Kollegen vom Erkennungsdienst das weitere Vorgehen dieser Abteilung. Vor allem ging es ihm darum, möglichst die Tatwaffe zu finden und sicherzustellen. Dazu mussten schnellstens weitere Kolleginnen und Kollegen eingesetzt werden. Kommissar Brinkmann stimmte sich dann aber dahingehen ab, dass erst einmal in der Umgebung der Tat das Gelände, aber auch die nahestehenden Mülltonnen entleert und der Inhalt, untersucht werden müssten.

*****

Die ersten Befragungen der beiden Brüder Erwin und Theodor Maier – noch am selben Tag – erwiesen sich als schwierig, da beide unter Schock standen. Seit zwei Tagen hatte keiner den Vater gesehen. Sie vermuteten beide einen Raubüberfall als Ursache der Bluttat, da sowohl Brieftasche als auch Geldbeutel des Toten vermisst wurden.

„Hat ihr Vater Feinde gehabt?“ wollte Brinkmann wissen.

„Nein“, war die einstimmige Antwort der Brüder.

Am nächsten Tag begann Brinkmann mit Einzelverhören der beiden.

*****

„Wer wird das Haus ihres Vaters erben?"

Die Frage von Kommissar Brinkmann war klar und verriet eine seiner Vermutungen.

Erwin Meier sprang auf.

„Was soll diese Frage? Er war immerhin mein Vater. Natürlich wäre es schön, wenn ich sein Haus bekäme. Wir haben auch schon mit ihm über das Haus gesprochen, aber er wollte sich nicht festlegen, jedenfalls jetzt noch nicht. Vielleicht wird Theo, vielleicht wird Paul es erben. Vielleicht auch ich. Wir müssen abwarten, was die Testamentseröffnung ergibt, wenn er eines gemacht hat".

„Und was geschieht mit der Quelle?"

„Wie meinen sie das?"

„Nun, die Quelle stellt sicherlich auch einen ordentlichen Wert dar!"

„Wieso?"

„Man könnte das Wasser sicher verkaufen. Vielleicht als Voralpen-Mineralquelle oder so ähnlich."

„Darüber habe ich noch nicht nachgedacht"

„Es war nur ein Gedanke."

*****

Kommissar Brinkmann bat darum, ihn für einige Minuten zu entschuldigen.

Es musste jetzt blitzschnell gehandelt werden.

Er eilte in sein Büro griff zum Telefon und hatte das

Glück, den Leiter der Abteilung Erkennungsdienst, mit dem er befreundet war, sofort zu erreichen. Dieser war über die Tat und den Einsatz seiner Leute natürlich informiert. So konnte Kommissar Brinkmann gleich in medias res gehen:

„Peter, ich bin dabei, die beiden Söhne des Mordopfers zu verhören. Der eine der beiden, Erwin Meier, scheint mir verdächtig zu sein. Er hofft wohl darauf, das Haus seines Vaters zu erben.

Bitte veranlasse doch, möglichst sofort, die Ausdehnung der Suche nach dem Mordwerkzeug auf die Umgebung des Hauses von Erwin, Garage, Keller, Mülltonnen und seinen PKW, Du weisst schon...

Er hörte schon ein OK. Dann wurde der Hörer aufgelegt. Er konnte sich auf seinen Freund verlassen und die Verhöre fortsetzen.

*****

Theo reagierte ähnlich wie sein Bruder, nur nicht so aufgebracht. „Natürlich ist das Haus interessant. Es ist interessant für jeden von uns. Auch das zugehörige Grundstück wäre eine Bereicherung. Man könnte durch einen Anbau die Nutzfläche unserer Hotels erweitern. Und eine eigene Mineralquelle produzieren. Man müsste das Wasser analysieren lassen, ob es gesundheitlich unbedenklich ist und eine Analyse der Inhaltsstoffe machen lassen. Aber dazu müsste man sicher viel investieren. Ich habe keine Ahnung, aber das kostet. Sicher wahrscheinlich viel, viel Geld, das ich nicht habe.“

Am Nachmittag desselben Tages sagte Erwin zu seinem Bruder: „Hast du darüber nachgedacht, das Grundstück unseres alten Herrn wirtschaftlich zu vermarkten. Die Quelle zum Beispiel, als Voralpen-Mineralwasser. Das könnte interessant sein.“

„Nein, kein Interesse. Da würde mit grossem finanziellen Aufwand verbunden sein. Ob das sich letztendlich rentieren würde, weiß ich nicht.“

*****

Kurz vor Feierabend, noch am Tag an dem Kommissar Brinkmann seinen Freund Peter um kurzfristigen Einsatz des Erkennungsdienstes bei Erwins Haus gebeten hatte, klopfte Peter an die offenstehende Tür des Büros von Kommissar Brinkmann und stürmte freudestrahlend herein, in der Hand einen Plastikbeutel schwenkend:

„Rate mal, was ich da habe!“

Kommissar Brinkmann nahm ihm den Beutel ab und meinte:

„Sag nur, das ist der Hammer, den wir gesucht haben?

Ich muss sagen: ihr seid wirklich Klasse! Und wo habt ihr ihn gefunden?“

„Im Kofferraum von Erwins Wagen neben dem Ersatzrad, abgedeckt mit einer Wolldecke.“

Er hat wohl nicht daran gedacht, dass man ihn verdächtigen könnte oder aber, er hatte keine Zeit den Hammer rechtzeitig anderweitig verschwinden zu lassen.

*****

Kommissar Brinkmann erlitt dann einige Tage später eine herbe Enttäuschung. Sein Freund Peter rief ihn an und teilte ihm mit, dass seine Leute an dem sorgfältig abgeputzten Hammer keinerlei verwertbare Spuren gefunden hätten.

*****

Nach zwei Wochen war die Beerdigung von Max Meier. Ein Testament wurde nicht gefunden.

Haus und Grundstück gingen zu je einem Drittel an die drei Brüder.

Erwin kaufte von seinen Brüdern deren Anteile.

*****

Kommissar Brinkmann sah es als zweckmäßig an, Erwin Meier vorläufig nicht mit dem Fund des Hammers zu konfrontieren. So wie er ihn kennengelernt hatte, würde dieser weiterhin jede Schuld abstreiten und sicher behaupten, dass der Hammer schon ewig unbenutzt im Kofferraum seines Wagens gelegen hätte.

Er hatte zur Zeit zu viele neue Fälle auf dem Schreibtisch, die seinen vollen Einsatz erforderten. Der Mörder Max Meiers würde ihm nicht davonlaufen. Nach dem Motto „kommt Zeit, kommt Rat“, verschob er die Verfolgung dieses Falles auf ruhigere Zeiten.

*****

Eines Tages, ein paar Monate später sagte Kommissar Brinkmann zu seinem Assistenten Maurer: „Wir sollten uns noch einmal die Brüder Erwin und Theo Meier vorknöpfen. Der unaufgeklärte Mord an ihrem Vater beschäftigt mich immer wieder. Es scheint ja, als wäre Erwin Meier der Haupt-Nutznießer vom Tod des alten Xaver Meier geworden."

„Klemm dich nochmal hinter den Fall. Vor allem interessiert mich, was aus dem Grundstück und dem Haus des Vaters geworden ist"

„Jawohl, Chef!"

Gegen Mittag kam Assistent Maurer zurück und erstattete Bericht: „Also, es sieht tatsächlich so aus, als sei der Haupt-Nutznießer des Todes des alten Xaver Meier sein Sohn Erwin. Die Söhne Paul und Theo wurden von Erwin mit jeweils 50'000 Euro ausbezahlt. Jetzt hat Erwin im früheren Hotel seines Vaters die Zahl seiner Zimmer auf 35 Räume nahezu verdoppelt und nennt so ein respektableres Hotel als vorher sein Eigen. Noch mehr profitiert er von der Quelle auf dem Grundstück. Er verkauft nicht nur das Mineralwasser als Voralpen-Mineralquelle, nein, er profitiert ganz erheblich von der Ergiebigkeit der Quelle. In niederschlagsarmen Zeiten nutzt er das Wasser für acht Schneekanonen, die in der kalten Jahreszeit wie dieser seinen großen, oberhalb des Hotels gelegenen Abfahrtshang mit einer ausreichenden Schneedecke überziehen. Von Wintersportlern, die nicht in seinem Hotel übernachten, verlangt er für die Benutzung des Hangs saftige Gebühren. Also, Erwin ist eindeutig der Profiteur.

„Interessant ist das,“ meinte Kommissar Brinkmann.

„Wir haben also einen unaufgeklärten Mord, einen Verdächtigen und das älteste Motiv der Welt, nämlich Habgier. Jetzt müssen wir den Mord diesem Erwin noch nachweisen. Am besten laden wir ihn nochmals vor und werden ihn mehr als bisher in die Zange nehmen. Bin gespannt, wie lange er durchhält.“

*****

Doch die eine Woche dauernden, ausgiebigen Verhöre, die abwechselnd durch Kommissar Brinkmann und seinem Assistenten, auch mit einiger Härte, geführt wurden, erbrachten kein Ergebnis.

Zum Schluss der nächsten, morgendlichen Lagebesprechungen im Kommissariat, bat Kommissar Brinkmann noch um ein paar Minuten Geduld: „Ich kann mich einfach nicht damit abfinden, dass wir in diesem Fall einen Mörder nicht überführen können, obwohl die Täterschaft doch augenscheinlich ist. Ich schlage daher vor, dass die Kolleginnen und Kollegen vom Erkennungsdienst, sich noch einmal intensiv mit dem vorhandenen Material in der Asservatenkammer beschäftigen. Wir sollten die Chance nutzen, mit DNA-Angaben den Mörder zu überführen – oder gegebenenfalls auch, ihn endgültig als Täter auszuschließen.“

Unter den Anwesenden kamen unmutige Seufzer auf.

Kommissar Brinkmann erläuterte dann seine Überlegung: „Das Opfer erlitt durch den Hieb auf seinen Kopf eine blutige Verletzung. Die Ärmel der Jacke, die der mutmaßliche Täter trug, sollten noch einmal, sehr gründlich, auf eventuelle Blutspuren untersucht werden, denn hier könnten sich, wenn auch winzige Spuren finden lassen.

Es wurde festgestellt, dass der Hammer sorgfältig abgeputzt war. Ich kann mir aber vorstellen, dass in Vertiefungen des Hammerstiels doch noch DNA-Spuren zu finden sind, womit der Eigentümer des Hammers identifiziert werden könnte."

„Zusammen mit Kommissar Maurer werde ich mich darum kümmern, DNA-behaftetes Material von den eventuell Verdächtigen, Erwin Meier, seiner Mutter und seinem Bruder Theo zu beschaffen – damit wir ganz auf Nummer sicher gehen können."

Mit einem Knurren stimmte der anwesende Kollege des Erkennungsdienstes zu:

„OK, machen wir einen letzten Versuch."

*****

Am nächsten Tag suchten die beiden Kommissare Erwin Meier auf, der ihren Gruß nicht erwiderte, sondern fauchte:

„Was wollen sie den noch von mir?"

Kommissar Brinkmann blieb gelassen.

„Ja Herr Meier, noch haben wir den Fall nicht abgeschlossen. Sie sollten doch auch daran interessiert sein zu erfahren, wer ihren Vater erschlagen hat? Wenn sie ein reines Gewissen haben, können wir mit einer DNA-Probe von Ihnen, dann auch ausschließen, dass sie der Täter sind.

Erwin Meiers Gesicht lief rot an, zornig schrie er:

„Sie sind wohl verrückt geworden. Sie haben mich eine Woche lang unnötig gepiesackt und ausgequetscht. Ich werde mich bei Ihrem Vorgesetzten beschweren, wegen ihren, mich beleidigenden Belästigungen. Und jetzt, raus mit Ihnen. Verlassen sie sofort mein Haus."

Kommissar Maurer konnte sich nicht verkneifen zu sagen: „Der hat aber mächtig Schiss. Und, was machen wir jetzt?"

„Wir sollten uns mal mit Frau Meier, der Witwe des Opfers unterhalten. Sie könnte uns helfen. Ich werde jetzt Theo Meier anrufen. Er kann uns sicher sagen, wo sich seine Mutter aufhält."

Tatsächlich erfuhren sie von Theo, dass seine Mutter ihre frühere Wohnung auf Dauer verlassen hatte und zu ihm gezogen sei. Sie sei bei ihm, in ihrem neuen Zuhause. Wenn die Kommissare jetzt gleich mit ihr sprechen wollten, wären sie willkommen.

Sie wurden von Theo freundlich empfangen und seiner Mutter vorgestellt, die sie ein wenig zurückhaltend begrüsste und bat, Platz zu nehmen, wo Kommissar Brinkmann das Gespräch begann.

„Wir bedauern sehr, dass wir sie mit unserem Besuch noch einmal an das schreckliche Geschehen erinnern müssen. Aber wir haben uns nicht damit abfinden können, den Fall ohne Ergebnis abzuschliessen. Deshalb haben wir uns entschlossen, die Ermittlungen erneut aufzunehmen. Wir denken, dass uns eine gründliche DNA-Auswertung weiterbringen könnte. Dazu sollten wir im Besitz von DNA-Proben der nächsten Angehörigen sein – auch, um eine Täterschaft ausschließen zu können. Ihr Sohn Erwin, von dem wir gerade kommen, hat es uns nicht ermöglicht eine solche Probe von sich zu entnehmen. Sie sind ja vielleicht im Besitz von Dingen, welche von ihm stammen und sind sicher bereit uns davon etwas zur Verfügung zu stellen?"

„Tja, was könnte das denn sein? Ich kenne mich da nicht aus. Da müssen sie mir ein wenig helfen."

„Ideal wäre es für uns, wenn sie, zum Beispiel, ein paar Haare von ihrem Sohn für uns hätten."

Man merkte ihr an, dass sie krampfhaft überlegte. Da meinte Kommissar Maurer:

„Meine Frau und ich haben unserem Erstgeborenen, als Baby, ein paar Härchen abgeschnitten und sie in einem Medaillon eingeschlossen, das meine Frau auch heute noch gelegentlich an einer Kette trägt."

„Ja, das haben wir auch gemacht." Das Gesicht Frau Meiers hatte sich blitzartig aufgehellt und schon huschte sie davon. Man hörte sie im Nachbarzimmer in einer Schatulle kramen und dann kam sie stolz mit einem Medaillon zurück an dem sie, ein wenig aufgeregt, herumfingerte, sodass Kommissar Brinkman es ihr behutsam abnahm und rasch öffnete.

Darin lag eine kleine blonde Locke. Er sagte sofort:

„Perfekt! Aber keine Sorge. Ein Haar genügt mir." Mit einer Pinzette, die er aus seiner Westentasche fingerte, zog er ein Haar aus der Locke heraus und versorgte sie in einer kleinen Plastiktüte.

Das alles vollzog sich so rasch und harmonisch, dass dann – als Kommissar Brinkmann sich herzlich bedankt hatte – sein Wunsch nach einer Speichelprobe von Frau Meier und Sohn Theo ohne Probleme sofort erfüllt wurde.

*****

Kommissar Brinkmann leitete die Proben sofort an den Erkennungsdienst weiter. Gespannt und ein wenig ungeduldig wartete er auf die Auswertung.

Es waren einige Tage vergangen, als sein Kollege vom Erkennungsdienst – offensichtlich ein wenig verlegen – in sein Büro trat, sich räusperte und sagte: „Es war doch gut, dass du auf weitere Untersuchungen gedrungen hast. Wir müssen uns entschuldigen, dass wir bei den ersten Untersuchungen nicht gründlich genug waren. Aber damals standen wir sehr unter Druck. Kurz und gut: Deine Hinweise auf mögliche, tiefsitzende Blutspuren am Hammer, die genommen Speichel-Proben und die Haarprobe von Erwin Meier, waren für uns die perfekte Basis für wasserdichte Erkenntnisse: Nur Erwin Meier kommt als Täter infrage."

Kommissar Brinkmann blieb ganz cool, konnte sich aber doch ein Lächeln nicht verkneifen und bedankte sich bei seinem Kollegen ganz herzlich.

Innerhalb einer Stunde erwirkte er bei der Staatsanwaltschaft einen Haftbefehl und forderte bei der Fahrbereitschaft einen Wagen mit zwei Beamten der Bereitschaftspolizei an. Der Empfangschef im Hotel gab ihnen Auskunft, dass Herr Erwin Meier sich im Büro, gleich hinter dem Empfang, aufhalten würde.

Ja, dann ging alles routinemäßig, schnell und unproblematisch vonstatten. Erwin Meier sass hinter seinem Schreibtisch, schrak offensichtlich zusammen und erblasste, als er Kommissar Brinkmann mit den Polizisten eintreten sah. In Sekundenschnelle schnappten die Handschellen zu. Kommissar Brinkmann war überrascht, dass es keinen Widerstand gegen die Verhaftung gab. Nicht einmal nach dem Haftbefehl hatte Erwin Meier gefragt.

Der Fall hatte sich – für Kommissar Brinkmann – erledigt.

Der Sohn des Generals

Oberstleutnant Si Miao knallte die Tür zu. Wieder keine Information über seinen Vater. Lediglich vom Büro des Generalstabs eine lapidare Mitteilung wie schon öfter: „Ihr Vater ist bei einem Auslandsaufenthalt spurlos verschwunden. Wir müssen davon ausgehen, dass er von Klassenfeinden bei einem Auftrag im Dienst seines Vaterlandes getötet wurde. Wir werden sein heldenhaftes Verhalten in Erinnerung behalten. An seinen Sohn werden wir seine Pension von 1'000 Yuan im Monat für einen Zeitraum von zehn Jahren bezahlen." Aber er erhielt keine Antwort auf seine wiederholten Fragen wann, wo und warum er ums Leben kam. Auch der direkte Vorgesetzte seines Vaters, Generaloberst Chen, hielt sich bedeckt. Obwohl Si Miao sicher war, dass dieser Führungsoffizier sehr wohl wusste, was mit seinem Vater passiert war. Schließlich war er als dessen direkter Vorgesetzter, über alles, was diesen umtrieb, informiert. Er beschloss, es noch einmal, bei Chen zu versuchen. Si Mi-ao wusste um die einzige Schwäche des Generalobersten. Das waren junge Frauen, verbunden mit Karaoke–Singen. Er griff zum Telefonhörer und wählte die Telefonnummer von General Chen.

„Hallo Herr Generaloberst, hier Oberstleutnant Si Miao, wie geht es Ihnen?"

„Gut, junger Mann"

„Das freut mich, zu hören. Warum ich anrufe: Ich war

gestern Abend zusammen mit einem Offizierskollegen in einer neuen Karaokebar im Bezirk Fangshan. Es heißt ‚Goldener Drache Tee Haus‘. Kennen sie diese Bar?“

„Nein“

„Sie sollten sie unbedingt kennenlernen. Die Damen dort sind sensationell, das Beste, was ich bisher kennengelernt habe.“

„So so, junger Mann, ganz der Vater, ganz der Vater. Wann wollen sie das Etablissement wieder heimsuchen?“

„Morgen Abend, Herr General. Haben sie Lust, sich anzuschließen?“

„Wenn es so gut ist, wie sie sagen, immer. Holen sie mich nach der Arbeit hier ab?“

„Herr General, selbstverständlich. Wir nehmen am besten ein Taxi, wenn es ihnen Recht ist. Wie wäre es gegen fünf Uhr?“

„Fünf Uhr, gut. Kommen sie hier vorbei – Sie wissen, wo sie mich finden“

„Alles klar, Herr General. Morgen Abend also. Auf Wiedersehen“

„Auf Wiedersehen, junger Mann“

*****

Am nächsten Abend saßen sie in einem Separee und unterhielten sich, nachdem sie die Damen, die in der Tat sensationell gut und jung waren, aus dem Raum geschickt hatten.

„Sie werden doch keine Ruhe geben, junger Mann, bevor sie nicht alle Einzelheiten über den Tod Ihres Vaters erfahren haben. Sie müssen wissen: Ich kann ihnen nur einige Einzelheiten mitteilen, da Teile des Geschehens die Beziehungen unserer Volksrepublik zu diversen Ländern betreffen.

Ich verlange Ihr Ehrenwort als Offizier der ruhmvollen Chinesischen Volksarmee, dass sie unser Gespräch geheim halten werden."

„Mein Ehrenwort haben sie hiermit. Ich will lediglich wissen, wie mein Vater umkam."

„Gut. Ihr Vater ist auf einem privaten, ich betone, privaten Rachefeldzug gegen zwei ausländische Volksfeinde, den er ohne Berechtigung geführt hatte, ums Leben gekommen. Im Rahmen dieses Feldzuges hat er diverse europäische Länder und Amerika besucht. Er war auf der Suche nach zwei Europäern, die durch ihr Verhalten dem Ansehen unseres Landes schweren Schaden zugefügt hatten. Der Grund war der Verkauf von Napalm-Bomben, was den Verträgen nach, die unser Land mitunterzeichnet hat, international verboten war und ist. Dieser Verkauf, der, wie sie sich denken können, als Staatsgeheimnis behandelt wurde, wurde öffentlich an die internationale Presse und Nachrichtenagenturen verschiedener westlicher Länder weitergegeben. Hauptakteure dieses Verrates waren zwei hohe laotische Offiziere, die ihr Vater der gerechten Strafe zugeführt hat. Damit war sein Rachedurst aber nicht befriedet – nein, er hat sich auch in den Kopf gesetzt, zwei deutsche Revisionisten, die an dem Verrat direkt beteiligt waren, im Rahmen seines nun privaten Rachefeldzuges, für dessen Durchführung er nie die Billigung unserer weisen Führung erhalten hätte, ebenfalls zu liquidieren. Dabei kam er ums Leben. Weil unsere weise Führung nie ihr Plazet zu seinen Aktivitäten gegeben hätte, wurde beschlossen, über sein Ende den Mantel des Schweigens zu breiten. Offiziell wurde nie Napalm verkauft – offiziell wurden nie irgendwelche Racheakte durchgeführt. So, junger Mann, nun habe ich Ihnen Einzelheiten erzählt, die ich ihnen nie hätte erzählen dürfen. Ich muss darauf bestehen, dass sie dieses Gespräch behandeln, als ob es nie stattgefunden hat."

„Ich werde Ihrem Wunsch entsprechen. Dieses Gespräch hat nie stattgefunden. Aber nun wollen wir etwas singen und uns den wundervollen Damen widmen, die hier arbeiten."

Mit lauter Stimme ordnete er an: „Zwei Mikrophone bitte und vier Ihrer Damen." Und nachdrücklicher: „Wir können nicht ewig warten. Wir sind es nicht gewohnt, zu warten."

*****

Die nächsten fünf Tage verbrachte der junge Oberstleutnant im Zentralarchiv des zweiten Generalstabes. Er wälzte alle Akten, in denen der Name seines Vaters erfasst war. Am Ende des fünften Tages fiel ihm durch Zufall eine Notiz in die Hände, aus der hervorging, das sein Vater in der Wohnung des Volksfeindes Gerhard Frings und dessen Ehefrau Vanida Frings sein Ende gefunden habe.

„Ich muss dort weitermachen, wo mein Vater gescheitert ist. Koste es, was es wolle" schwor er sich insgeheim.

„Also auf nach Deutschland, in das Land, das, wie auch immer, tief in die Machenschaften damals verwickelt war." Nun wusste er, was er als nächstes Ziel vor Augen hatte. Er würde dort, wo sein Vater gescheitert war, weitermachen; weitermachen bis zum bitteren Ende, wie auch immer das aussehen würde.

*****

Am Abend des 11.Novembers 2010 landete eine Boeing 747 der Lufthansa nach einem elfstündigen Flug in Frankfurt. An Bord der nicht ganz neuen Maschine befand sich in Zivil Oberstleutnant Si Miao. Nachdem er unbehelligt die Passkontrolle hinter sich gebracht und sein Gepäck in Empfang genommen hatte, begab er sich zum Treffpunkt Nummer sieben, wo er mit einem Konsulatsangehörigen verabredet war. Schon von weitem erkannte er den Mitarbeiter Dong Feng, der ihn in das Chinesische Generalkonsulat begleitete. Dort wurde er von Konsul Cheng Fu empfangen, der ebenfalls Mitarbeiter des zweiten Generalstabs war:

„Ich habe Order aus Beijing, ihnen jegliche Hilfestellung zu gewähren, wenn immer sie Hilfe benötigen. General Chen persönlich hat sich für sie eingesetzt. Sie sind mir als Offizier im besonderen Einsatz ohne nähere Erläuterungen avisiert worden. Wo also kann ich ihnen helfen?"

„Mein Vater, Generalmajor Si, dürfte ihnen bekannt sein. Er kam ums Leben, als er die Volksfeinde Gerhard Frings und dessen Neffen Uli Frings eliminieren wollte. Mein Auftrag ist, die Umstände seines Todes genau zu ermitteln. Dabei werde ich die Hilfe ihrer Abteilung in Anspruch nehmen müssen. Ich werde selbstverständlich dabei möglichst wenig in Erscheinung treten und auf die Zusammenarbeit mit ihnen, aber auch die Zusammenarbeit mit lokalen Mitarbeitern, also deutschen Staatsbürgern, setzen. Können sie mir zuerst eine Liste zusammenstellen, welche die Namen, Adressen und Telefonnummern bewährter lokaler, deutschsprachiger Mitarbeiter umfasst. Besonderen Wert lege ich auf absolute Verschwiegenheit und bedingungslose Loyalität dieser Männer."

„Selbstverständlich werde ich ihnen durch meinen Stellvertreter eine solche Liste anfertigen lassen."

Si Miao unterbrach den Konsul: „Halt, da haben wir schon das erste Missverständnis. Ich bat sie, mir diese Liste zukommen zu lassen. Damit meinte ich sie persönlich, und nicht einen ihrer Stellvertreter. Verstehen sie mich. Die Sache, in der ich ermitteln werde, unterliegt höchster Geheimhaltung. General Chen hat sie auf die Dringlichkeit der Angelegenheit ausdrücklich hingewiesen. Ich werde nicht zulassen, dass irgendwelche subalterne Mitarbeiter damit befasst sind. Sie haben mir jegliche Hilfe, um die ich sie bitten werde, direkt und persönlich zu leisten. Dies nur zur Klarstellung, aber ich muss darauf bestehen: Sie persönlich, und nur sie persönlich sind mit direkt verantwortlich. Haben wir uns in diesem Punkt verstanden?"

„Jawohl, Herr Oberstleutnant, wir haben uns verstanden, selbstverständlich, wenn das so ist."

„Gut, ja, es ist so, wie ich sagte. Also nun die Liste.“

Eine Viertelstunde später lag vor Oberstleutnant Si Miao eine Liste aller lokaler Mitarbeiter des Chinesischen Generalkonsulats, die im Moment greifbar und verfügbar waren.

Ganz oben auf dieser Liste stand ein Name, den er schon gelesen hatte, als er noch in Beijing im Zentralarchiv des zweiten Generalstabes geforscht hatte: Paul Werner. Unter der Rubrik: Besondere Fähigkeiten war aufgeführt: Chinesische Sprachkenntnisse: sehr gut. Dessen Telefonnummer prägte er sich ein. Er würde sie so bald nicht mehr vergessen.

*****

Am nächsten Tag rief er Paul Werner an.

„Ich brauche die Adresse einer Person mit Namen Gerhard Frings und eine Fotografie dieses Mannes. Er ist verheiratet mit einer Asiatin namens Vanida Frings.“

„In welcher Stadt soll ich ihn suchen – einige Informationen mehr wären sehr hilfreich.“

„Zuletzt war er, zusammen mit seiner Frau, in Göttingen wohnhaft.“

„Ich werde mich bemühen. Wo kann ich sie erreichen?“

„Ich wohne in der nächsten Zeit im Chinesischen Konsulat in Frankfurt. Wenn sie erfolgreich waren, wird man sie über den Informationsschalter mit mir verbinden. Mein Name ist Oberstleutnant Si Miao“.

„Gut, Herr Oberstleutnant, ich werde mich bei ihnen melden, sobald ich entsprechende Informationen habe“.

„Ich erwarte Ihre Kontaktaufnahme möglichst bald. Auf Wiederhören."

„Auf Wiederhören, Herr Oberstleutnant!"

*****

Zwei Tage später hielt Si Miao die Kopie einer Anmeldung beim Einwohnermeldeamt in Göttingen in der Hand. Beigefügt waren drei Fotografien eines Mannes aus drei unterschiedlichen Blickwinkeln in einer belebten Einkaufsstraße. „Das ist er also", sagte er sich, „Gerhard Frings, der Mann, den ich beseitigen muss."

Darauf suchte er Konsul Cheng Fu in dessen Büro auf. „Ich benötige eine Liste aller chinesischen Restaurants zusammen mit einer Aufstellung der chinesischen Triaden, die sich um diese Restaurants kümmern. Sie verstehen mich, ja der Triaden, die für diese Lokale zuständig sind!"

Einen Tag später hatte er die gewünschte Liste vor sich liegen. Er suchte sich die Lokale heraus, bei denen er als „Sachbearbeiter" Triaden fand, die er aus seiner Zeit in Beijing dem Namen nach kannte. Die bekannteste war die „Drei Drachen Triade", die als besonders brutal, aber auch als besonders effektiv bekannt war. Das zugehörige Lokal war das China-Restaurant „Goldene Mauer".

Hier traf er auf den für Deutschland zuständigen Sektions-Chef, einen etwa vierzigjährigen Mann. Der bullige, untersetzte Kantonese mit militärischem Kurzhaarschnitt war ihm auf Anhieb unsympathisch; aber das war nicht sonderlich überraschend, hatten doch alle Führungspersönlichkeiten der Triaden eine mehr oder weniger beachtliche kriminelle Vergangenheit in China vorzuweisen. Von ihm erstand er eine alte Mauser 90 DA Pistole, die ihm bei seinem Vorhaben dienen sollte. Als er diese Pistole in der abschließbaren Schublade seines Schreibtisches im Konsulat verstaut hatte, verabredete er sich umgehend mit Paul Werner, den er als Begleiter für die kommende Woche anheuerte. „Wir haben eine heikle Mission in Göttingen zu erledigen, bei der ich sie als Begleiter benötige." Mehr hatte er dem jungen Deutschen nicht zu sagen gehabt, außer, dass er ihm bei erfolgreichem Ausgang der Aufgabe eine Prämie von 5'000 Euro bezahlen werde und er eine neutrale Limousine des Konsulates zur Verfügung haben werde. Der Deutsche fragte nicht nach Einzelheiten – er stimmte sofort zu.

Am nächsten Morgen fuhren sie die etwa 230 km langen Strecke in die fast 1'100 Jahre alte Stadt. Nach zweieinhalb Stunden erreichten sie die Vororte von Göttingen – gesichtslos und langweilig, wie die modernen Vororte so mancher schönen alten deutschen Stadt eben aussehen. Das Navigationsgerät lotste sie kurze Zeit später auf direktem Weg zur Geiststraße, die an einen parkähnlichen breiten Grünstreifen heranreichte. Über diesen Grünstreifen gelangten sie ungestört an die Häuserrückfronten und gingen langsam die Häuserzeile entlang, bis sie eine Lücke fanden, durch die sie wieder die Geiststraße erreichten. Durch diese schlenderte sie zurück und verlangsamten vor dem Haus mit der Hausnummer sieben ihre Schritte. Sie musterten aufmerksam die alten, villenähnlichen Patrizierhäuser, die aus einer bestimmt einhundert Jahre zurückliegenden Epoche stammten. Vor dem Haus mit der Nummer drei verlangsamten sie abermals ihre Schritte und näherten sich dem Eingang dieses Hauses. Auf dem Klingel- und Namensschild erkannten sie den gesuchten Namen: G+V Frings. Es wies die beiden Gesuchten als Bewohner des dritten Stockwerkes aus.

Sie prägten sich diese Haustür ein und gingen zurück zum Auto.

*****

Vanida und Gerhard waren kurz vorher von der Arbeit kommend nachhause gefahren. Gerhard hatte einen freien Platz schräg gegenüber der Haustür des Hauses mit ihrer Wohnung gefunden. Da wurde er von Vanida leicht angestoßen: „Schau mal. Was machen die beiden Männer da an unserer Tür. Sie studieren die Klingeln, der eine ist ein Chinese.

„Mir wird ganz schlecht." Jetzt hatte Gerhard aufgeblickt und stimmte ihr verblüfft, aber auch besorgt zu.

„Lass uns sofort zur Polizei, besser noch zur Kriminalpolizei fahren."

Ohne ein Wort zu sagen, liess Gerhard sofort den Motor wieder an und fuhr zur nächsten Polizeistation, die ihm bekannt war.

Er bat Vanida mit ihm zu kommen. Ihre beider Besorgnis würde durch ihre eindeutig asiatische Erscheinung glaubwürdiger.

Wie vermutet, zeigte sich der am Tresen stehende Polizeibeamte wenig geneigt, ihnen zu helfen. Die kurz skizzierte Geschichte der Beiden, schien ihm einfach zu abenteuerlich.

Gerhard liess sich jedoch nicht abwimmeln und eilte am Tresen vorbei, zu dem dahinter liegenden Büro, in dem er einen leitenden Beamten der Dienststelle vermutete.

Tatsächlich sass hier Polizeimeister Wilburg, der erstaunt von seinen Akten aufblickte, Gerhard fragend ansah und ihn bat, doch erst einmal Platz zu nehmen.

Inzwischen war ihm Vanida gefolgt und hatte sich auf dem zweiten Stuhl niedergelassen.

Beide hatten jetzt Gelegenheit, Polizeimeister Wilburg ihre Befürchtung ausführlicher zu erläutern.

Als sie ihn baten, ihnen die Möglichkeit zu bieten, sich sofort mit der Kriminalpolizei in Verbindung zu setzen, griff er zum Telefonhörer und führte ein längeres Gespräch, anscheinend mit einem zuständigen Kollegen, legte aber mehrmals eine Pause ein, weil er die am anderen Ende der Leitung entstandenen Diskussionen seiner Kollegen abwarten musste.

Schliesslich wandte er sich ihnen wieder zu.

Meine Kollegen nehmen ihre Vermutungen nicht nur ernst, sie sind sogar bereit ihr Haus einige Tage lang, rund um die Uhr, zu überwachen, um gegebenenfalls sofort eingreifen zu können. Mein Kollege meinte, dass mit Chinesen nicht zu spaßen ist, wenn diese es auf sie abgesehen haben sollten.

Man bittet sie, möglichst jetzt gleich zur Kripodienststelle in die Leonhardstrasse 37 zu kommen, um das weitere Vorgehen zu besprechen.

Sie verabschiedeten sich dankend, fuhren sofort zur

nur drei Kilometer entfernten Adresse in der Leonhardstraße.

Empfangen wurden sie hier nicht nur von Kriminalkommissar Betschmann, mit dem sein Kollege von der Bereitschaftspolizei gesprochen hatte, sondern von noch zwei weiteren Beamten, die sich als Hitch und Mendez vorstellten.

Der schmunzelnde Kommissar amüsierte sich darüber, dass diese Namen Gerhard und Vanida offensichtlich, im Zusammenhang mit der Deutschen Kripo, ungewöhnlich vorkamen.

Er erläuterte dann:

„Ja, die Kollegen Hitch und Mendez kommen vom BKA in Wiesbaden. Sie sind Spezialisten zur Aufklärung von Verbrechen mit Auslandsbezug und daher natürlich mehrsprachig und werden – so nehme ich an – erfreut sein, hier in Göttingen eine neue chinesische Spur aufnehmen zu können. Sie haben uns besucht, um hier die Auffälligkeiten der Chinesischen Triade unter die Lupe zu nehmen.

Ihre Arbeit hier ist vorläufig abgeschlossen. Sie wollten gerade den Heimweg antreten, aber ich habe mit ihnen schon abgeklärt, dass sie sich ein paar Tage um hr Problem kümmern werden.

Die beiden Herren sahen nicht gerade begeistert aus, denn sicher hatten sie sich schon darauf gefreut, bald ihre Frauen oder Freundinnen wiederzusehen.

Aber andererseits reizte sie diese sich plötzlich ergebende Aufgabe.

Alle fünf setzten sich jetzt um einen runden Tisch und

die beiden Herren vom BKA erläuterten, nachdem sie von Vanida und Gerhard über deren Vorgeschichte und jetzigen Beobachtungen etwas ausführlicher unterrichtet worden waren, ihr Vorgehen.

Sie waren mit einem getarnten VW-Lieferwagen nach Göttingen gekommen, den sie gegenüber dem Haus Geiststraße 7 zur Beobachtung der eventuellen Vorgänge positionieren wollten. Der Wagen war für ihre Aufgaben perfekt, mit einer umfassenden technischen Ausrüstung ausgestattet.

So fuhren Vanida und Gerhard, einigermaßen beruhigt nach hause und stellten eine halbe Stunde später fest, dass der Wagen des BKA auf der anderen Straßenseite geparkt war.

*****

Am Abend liess sich Si Miao wieder von Paul Werner in die Nähe des Hauses in der Geiststraße fahren. Hier verbrachte er, sich versteckend, drei Tage und Nächte im Keller. Zwischendurch stieg er immer wieder hinauf zur Wohnungstür der Frings und sah, durch das Vorhandensein eines zwischen Tür und Rahmen angeklebten Haares, dass inzwischen niemand diese Tür geöffnet hatte. Dann, am Abend des vierten Tages, fand sein Warten ein Ende. Er war am Ziel und ging in den Keller zurück. Dort setzte er sich auf die unterste Treppenstufe und versuchte, seine Gedanken zu sammeln. Er dachte intensiv an seinen Vater Guang Li Peng. Hier also hatten seine Bemühungen ihr Ende gefunden. Er versuchte, sich in seinem Gedächtnis ein klares, deutlicheres Bild seines Vaters zu machen. Dann sah er ihn. Schemenhaft zuerst, aber je länger er seine Gedanken auf ihn fokussierte, desto deutlicher wurden die Erinnerung und das Bild seines Vaters, Guang Li Peng. Er sah ihn und folgte ihm in Gedanken.

*****

Si Miaos Gedanken kreisten um Gerhard und Vanida Frings. Jetzt also war es soweit. Das würde das Ende sein. Deren Ende!
Am nächsten Morgen stieg er schon sehr früh die Treppe des Hauses bis zur Speichertür hinauf, von wo er die Wohnungstür der Frings im Auge halten konnte.
Kurz nach acht Uhr öffnete sich diese und zwei Menschen, offensichtlich Vanida und Gerhard, verliessen ihre Wohnung um zur Arbeit zu gehen.

Sie waren offensichtlich am Vortag von einer mehrtägigen Reise zurückgekehrt, ohne, dass Si das bemerkt hatte

Jetzt zog er sich wieder in sein Kellerversteck zurück und wartete bis zum Nachmittag, um rechtzeitig, vor deren zu vermutende Heimkehr am Abend, in die Wohnung der Frings einzudringen.

Das Öffnen der Tür bereitete ihm dann keine Mühe, denn er war im Lockpicking ausgebildet und hatte vorsorglich eine ganze Anzahl geeigneter Picks mitgenommen. So betrat er vorsichtig die Wohnung und nahm eine Inspektion aller Räume vor, nachdem er die Wohnungstür wieder sorgfältig von innen verschlossen hatte.

Jetzt glaubte er, sich ein paar Momente entspannen zu können und liess sich einen der Sessel im Wohnzimmer nieder, wobei er die Ohren spitzte, um das Eintreten der Beiden oder auch nur einer kommende Person nicht zu verpassen.

Plötzlich schreckte er auf. In den Tagen und Nächten im Keller hatte er kaum Ruhe gefunden, so hatte ihn wohl der Schlaf kurz übermannt. Vorsichtig schaute er sich in allen Räumen um und stellte fest, dass er anscheinend noch allein war. Am Spülbecken benetzte er sein Gesicht.

Er wiederholte seinen Rundgang und blieb misstrauisch vor dem Arbeitszimmer stehen.

Die Tür zum Balkon stand offen. War sie vorhin nicht geschlossen gewesen? Er wurde jetzt hellwach und griff nach seiner Pistole, betrat das Zimmer, blieb stehen, und sah sich um. Nichts! Er versuchte sich zu erinnern.

Wahrscheinlich war sie angelehnt gewesen, und ein Windstoß hatte sie aufgestoßen. Sicherlich! Nur die Ruhe!

Er betrat den spärlich möblierten Balkon. Zwei weiße Kunststoffstühle, ein Plastiktisch, zwei Blumentöpfe und ein Aschenbecher. Im Innenhof standen drei große Ahornbäume. Sie versperrten die Sicht zum gegenüberliegenden Haus.

Er setzte sich und zündete eine Zigarette an. Der Rauch zog beruhigend in seine Lungen.

Er schaute zum Himmel. Ein trüber Nachmittag. Die

Bäume bewegten sanft ihre Kronen im Wind.

Er hörte Lärm. Schwere Schritte über dem Arbeitszimmer und einen Fernseher. Gedämpfter Beifall. Eine Unterhaltungsshow wurde von einer Musiksendung abgelöst. Das TV Gerät wurde leiser gestellt.

Er ging zurück zur Wohnungstür und lauschte in den Hausflur.

Die Haustür fiel ins Schloss. Kinderdribbeln. Kinderlachen. Eine Wohnungstür öffnete sich und wurde zugeworfen. Wieder Stille.

Er ging ins Wohnzimmer und spähte durch die Gardine hinunter zur Strasse. Gegenüber am Gehsteig stand jetzt der rote PKW der Frings. Gleich müsste er kommen – oder auch beide. Seine Hand tastete zur Jackentasche.

Er entnahm Schalldämpfer und Pistole und fügte sie zusammen. Die entsicherte Waffe steckte er griffbereit in den Hosenbund. Er nahm seinen Platz hinter dem langen, undurchsichtigen Vorhang neben der Balkontür ein.

Seine rechte Hand verschwand in der Brusttasche. Er wartete.

Schritte näherten sich im Treppenhaus. Ein Schlüssel suchte sein Schloss und öffnete die Wohnungstür mit einem Knarren. Dann fiel sie zu. Stimmen murmelten. Ein Mann und eine Frau. Sie betraten die Küche und unterhielten sich. Jemand hantierte mit Geschirr und Besteck. Die Unterhaltung erstarb.

Auf dem Flur näherten sich Schritte. Ein Mann betrat das Arbeitszimmer. Er schaltete das Radio an. Leise Musik erfüllte den Raum. Moll Töne, Töne des Todes.

In der Küche klapperten Töpfe oder Pfannen. Der

Mann ging an ihm vorbei. Er trat auf den Balkon. Ein Stuhl wurde beiseite geschoben. Mit einem Klick wurde eine Flasche geöffnet. Ein Kronkorken sprang zu Boden.

Generalmajor Si trat lautlos hinter dem Vorhang zur Seite. Durch das Balkonfenster sah er Gerhard. Er saß, ihm den Rücken zukehrend, ahnungslos im Plastikstuhl, in der rechten Hand eine Bierflasche, in der Linken eine Zigarette.

„Die letzte Zigarette," dachte Si.

Er beobachtete ihn weiterhin und wartete, bis er den nächsten Schluck aus der Flasche nahm und die Flasche auf den Tisch stellte.

Si spannte entschlossen seine Schultern. Er bewegte sich lautlos von hinten auf ihn zu. Seine Hände hielten die Enden einer Klaviersaite umschlungen.

*****

Er trat nach vorn. Die vorgestreckten Hände schnellten mit der stramm gezogenen Saite vor dem Gesicht des Opfers herab.

Die Saite sollte sich um seinen Hals legen. Stattdessen wurde die Hand, die eben die Zigarette zum Mund führen wollte, an seinen Hals gerissen.

Gerhard zuckte zusammen, wollte aufstehen. Seine Hand steckte zwischen Saite und Hals fest. Si zog mit aller Kraft die Schlinge zusammen. Gerhard wurde zurückgerissen und fiel rückwärts mit dem Stuhl zu Boden. Si zog die Enden der Saite fester zusammen. Dabei verlor er sein Gleichgewicht und wurde von Gerhards Gewicht mit zu Boden gerissen.

Ein wilder Kampf entstand auf den kleinen Balkon. Gerhard schlug mit aller Kraft seine rechte Faust in das Gesicht des Generals. Der wandte seinen Kopf ab und konnte der Wucht des Schlages ausweichen. Er zerrte fester an den Schlingenenden.

In Todesangst krallte sich Gerhards Hand in die Haare von Li und zerrte dessen Kopf nach unten. Der Chinese stieß mit seiner Schulter gegen den Tisch. Die Bierflasche zerschellte auf dem harten Boden.

*****

Vanida hatte in der Küche die Kampfgeräusche gehört. In dunkler Vorahnung rannte sie in das Arbeitszimmer. In der Hand blitzte ihr Brotmesser. Sie sah die Kämpfenden auf dem Balkon. Ein Fremder wälzte sich mit Gerhard auf dem Boden!

Mit einem Schrei des Entsetzens stürzte sie vorwärts und hieb dem Fremden das Messer zwischen die Schulterblätter. Der zuckte unter Schmerzen zusammen und wälzte sich zur Seite.

Mit all ihrer Kraft hielt sie das Messer fest. Die Messerklinge brach mit einem Knacken in zwei Teile.

Sie hielt den Griff mit einem kurzen Stück Klinge in der Hand. Ungläubig hob sie den Messerstummel und ließ ihn fallen. Sie sah zu dem Fremden hin. Sein schmerzverzerrtes Gesicht starrte sie an.

Gerhard versuchte, sich hoch zu wuchten. Sein bläuliches Gesicht drehte sich zu Vanida, die über dem Chinesen kniete. Er sah den schweren, gläsernen Aschenbecher in ihrer Hand.

Sie holte aus und schmetterte ihn auf den Kopf des Fremden.

Ein Knirschen, der Chinese sank in sich zusammen. Vanida streichelte Gerhards Kopf. „Komm, kannst du aufstehen?

Gerhard griff an seinen Hals. Feucht. Blutig! Er erhob sich schwankend und massierte das geschwollene Handgelenk. Er betrachtete den Chinesen an Boden. „Das war er? Nie gesehen."

Vanida nickte heftig. Ihre Augen waren vor Furcht aufgerissen. „Er war's. Glaub' mir! Weg jetzt, schnell. Der zweite könnte kommen!"

Gerhard hinkte hinter ihr her aus der Wohnung. So schnell er konnte.

Auf der Treppe schrie sie hysterisch: „Hilfe, Hilfe!"

Immer wieder: „Hilfe, Hilfe!"

Die Schreie hallten durch das Treppenhaus. Sie drangen durch die Fenster auf die Strasse, und erreichten kaum hörbar den BKA-Lieferwagen.

*****

In seinem Inneren lief ein Fernseher. Dazu summte Mendez ein Liedchen vor sich hin. Seine Fingernägel trommelten den Takt. Er träumte.

Hitch hob den Kopf und zischte: „Freeze!" Er sah zum Haus gegenüber.

„Hilfe!" Ganz leise, aber hörbar.

Mendez erstarrte. Die Schiebetür schoss auf. Hitch raste auf die Haustür zu, sah nicht nach rechts, nicht nach links. Er kümmerte sich nicht um den Auffahrunfall neben ihm.

Seine Schulter donnerte gegen die geschlossene Tür, die splitternd in den Hausflur krachte. Mendez keuchte heran. Sie nahmen zwei Stufen auf einmal.

„Hilfe, Hilfe."

Die Stimme der Frau!

Hitch und Mendez hatten im Laufen ihre Waffen gezogen. Auf dem zweiten Treppenabsatz sahen sie das Paar.

Vanida sank zusammen. Tränen schossen aus ihren Augen. Ihr Körper zitterte. Gerhard bückte sich und drückte sie an sich.

„Es ist vorbei, Liebling."

Hitch sicherte nach oben, Mendez nach unten.

Mendez schrie Gerhard an. „War er da?"

„Auf dem Balkon."

*****

Si sah sich um. Die Erinnerung kehrte zurück. Er hatte verloren.

Er zog sich zitternd an der Balkonbrüstung hoch, griff zum Hosenbund und spürte den Stahl seiner Waffe. Die Ruhe kehrte zurück.

Er richtete sich vollends auf. Er stand stramm.

Großer Mao. Hier steht dein Soldat. Dein aufrechter Soldat! Niemand bricht Deinen Soldaten!

*****

Hitch hastete weiter. Mendez, der zweite BKA-Mann, folgte. Vor der offenen Wohnungstür ging Hitch in Deckung. Mendez spurtete an ihm vorbei in den Wohnungsflur, duckte sich und sicherte im Kreis. Er nickte und zeigte ins Arbeitszimmer.
Hitch sprintete an ihm vorbei in den Raum. Er sah sich um und betrat den Balkon.
Blut auf dem Boden, ein schräg stehender Tisch, ein umgeworfener Stuhl, ein blutiger Aschenbecher, Scherben einer Bierflasche. Und ein Mann. Ein toter Mann. Ein Chinese.

Tödliche Seilschaft
Kurzes Spiel

Sven sah sie an. Kurz, nur kurz.

Wenn er zu lange hinsah, würde sie ihm leid tun.

Ihr kurzer Mantel stand ihr. Flott, adrett. Hellgrau.

Anita hatte solch einen Mantel auch getragen.

Damals, als alles anders war.

So würde es nie mehr sein. Er wusste es.

Wehmut. Dann kam Ärger auf. Über sich selbst. Er hätte nicht hinschauen sollen.

Er umklammerte in der Manteltasche den Griff seiner Klinge fester.

Gleich hätte er es hinter sich gebracht. Ein beherzter Schritt vorwärts. Neben sie.

Und er stach zu. Einmal, zweimal. Sie hatte die Augen aufgerissen. Riesige Augen.

Ein ungläubiger Blick – kein Laut. Nicht von ihr nicht von ihm.

Und er stach noch einmal zu. Zur Sicherheit.

Und beschleunigte seine Schritte,

„Sieh nicht zurück" – Routine.

Oft machst du das nicht mehr.

Doch: So dachte er jedesmal.

Er schaltete das Denken aus.

Konzentrierte sich. Und schaute noch einmal zurück.

Sie lag inzwischen auf dem Bürgersteig. Regungslos.

Mehrere Passanten standen um sie herum.

Normale Neugier.

Von weitem hörte er ein Martinshorn.

Noch leiser, entfernter, hörte er ein zweites.

Er sah am Boden die rote Lache.

Er beschleunigte seine Schritte etwas mehr.

Das Messer würde er nachher in den Landwehrkanal werfen.

Und gut essen gehen. Er spürte ein flaues Gefühl in der Magengegend.

Am Nachmittag würde er Hans Falter kontaktieren und Vollzug melden – und sich zur Geldübergabe bereithalten. Wie immer.

Würde er genug zahlen? Wie früher?

*****

Hans Falter grübelte schon den ganzen Vormittag. Sven war in letzter Zeit immer renitenter geworden. Wie sollte er ihn loswerden? Ihn raus werfen? Aber er wusste zu viel.

Er hatte gestern erst angedeutet. dass er aufhören wolle. Die Geschäfte seien zu schmutzig und sie würden zu schlecht bezahlt.

Gut, Sven hatte die Aufträge immer ausgeführt.

Zur Zufriedenheit. Aber jetzt gab es weniger Geld. Weil die vier Leute um die fünf Aufträge vom letzten Jahr konkurriert hatten. In der eine Million Einwohner zählenden Stadt gab es nicht mehr Aufträge im Jahr. Mal sieben, dann aber auch nur fünf, so wie m letzten Jahr

Und – aus seiner Sicht, war er immer gut bezahlt worden. Aber jetzt? Ein Mann weniger.

Was sollte er tun. Ihn noch einmal warnen?

Das ist Marktwirtschaft, hatte er ihm gesagt. Er würde wahrscheinlich immer die gleiche Summe haben wollen. Obwohl sie jetzt eine Person weniger zu erledigen hatten.

Konkurrenz belebt das Geschäft. Hatte er ihm auch gesagt, Nach einer Stunde hatte er sich entschieden. Er musste die Hilfe des Kasachen, Michael Tschernikow, in Anspruch nehmen.

Er war gespannt, ob der tatsächlich so gut war, wie sein Freund Millhouse behauptet hatte.

Spurlos verschwunden sei das letzte Opfer. Wirklich spurlos!

*****

Kommissar Winkler sah in den Schacht. Der Schein der Taschenlampe reichte nicht bis zum Grund. Der aufgelassene Stollen war kaum gesichert. Der rostige Zaun, der das Areal umgeben hatte, war löchrig und durchlässig.

Aber hier musste es sein, direkt neben dem in Stein gehauenen Kruzifix, das damals von Bergarbeitern aufgestellt worden war. Damals. 1863.

Winkler war ganz sicher. Schließlich war der Informant Klein dabei gewesen, als sie den schweren Deutschen hier beseitigt hatten. Einfach in den Schacht geworfen. Und jetzt hatte Klein Angst, Todesangst.

Todesangst, dass Tschernikow ihn ebenfalls beseitigen würde. Ihn, Klein, der immer nur kleine Dinger gedreht hatte. Winkler hatte ihn, seiner Assistentin Julia Haiser gegenüber, einen Hühnerdieb genannt, einen Hühnerdieb mit geringer krimineller Energie. Ein Auto klauen, sei für ihn schon das Maximum.

*****

Der Feuerwehrkran fuhr auf allen vier Seiten die Stützen aus,. Die Gondel mit Mollmann wurde wenig später hinabgelassen, langsam, aber stetig.

„Nach 35 Metern knickt der Stollen waagerecht zur Seite ab,“ hatte der Einsatzleiter der Feuerwehr gesagt, und die alten Pläne zusammengefaltet.

„Da müsste er also liegen, der Dicke“, hatte Winkler erwidert.

Er lauschte angestrengt in sein Walky Talky. Mollmann meldete sich. „Wir haben ihn, sieht ganz schön alt aus, der Dicke. Und riechen tut er auch. Aber hier sind noch Reste von anderen, vielleicht von Vieren.“

Winkler stöhnte: „Da wird der Gerichtsmediziner ganz schön zu tun haben.“

„Wir aber auch“, ließ sich Mollmann vernehmen, „die zu identifizieren. Ich werde versuchen, den Dicken gleich mit nach oben zu bringen.“

Nach einer Viertelstunde kam die Gondel mit ihrer seltsamen Fracht ans Tageslicht.

Nachdem sie entladen war, wurde sie wieder leer abgelassen und kam mit Mollmann zurück.

„Für die anderen Reste brauchen wir Körbe, einige engmaschige Netze und ein paar Planen. Sonst verlieren wir alle Kleinteile wieder. Ziemlich mürbe und verwest, die Kerle dort unten," stöhnte Assistent Mollmann, dem offensichtlich schlecht war.

„Ich schätze, wir haben es mit fünf Leichen zu tun. Übrigens ist die Luft da unten fürchterlich – ist ja auch kein Wunder. Ich jedenfalls habe die Nase voll – wörtlich kannst Du das nehmen. Mich bringt kein Schwein mehr da hinunter."

Er schwieg beredt und trat zur Seite.

*****

Das Handy klingelte. Hans Falter drückte die grüne Taste und sagte langsam und zögernd „ja?"

Sven sagte: „Ich bin fertig."

Hans Falter sagte: „Morgen um vier Uhr nachmittags vor einer Haustür."

Sven antwortete: „OK."

*****

Er hatte Michael Tschernikow am Telefon. „Hier Falter. Mein Freund Millhouse hat von dir erzählt. Ich hole dich um drei Uhr morgen Nachmittag ab. Wir müssen etwas erledigen. Geht das?"

„Immer."

*****

Am nächsten Tag wartete er um drei Uhr in einem gestohlenen Wagen auf ihn. Er erkannte ihn anhand des Fotos, das Millhouse ihm gezeigt hatte. Unverkennbar: der schiefe Mund und die bullige Stirn.

Der Fremde stellte sich vor: „Michail Tschernikow."

Falter sagte: „Du fährst"

Auf der Fahrt zu Svens Haus erläuterte er: „Millhouse sagte: Du bist perfekt."

Der Kasache grinste." Wie viel?"

„Zwei" „Vier" „Drei?"

„Dreitausend, gut."

*****

An Svens Haustür warteten sie fünf Minuten. Dann kam er. Blickte sich prüfend um und stieg hinten ein, neben Falter.

„Das Geld."

Falter kramte in einer kleinen Reisetasche. Statt eines Bündels an Geldscheinen hatte er einen Revolver in der Hand, der auf Svens Herz zielte. Dessen Augen weiteten sich. In seiner linken Hand hatte Falter Handschellen, die er nach vorne zu Tschernikow reichte. Ein kurzes, wissendes Nicken von diesem und die Schlösser schnappten metallisch klickend zu. Sven ahnte, was nun kommen würde. Er wusste auch, dass er keine Chance hatte. Er sackte tiefer ins Polster und stöhnte leise. Der Wagen fuhr an.

„Warum?" flüsterte er leise.

„Ich habe dich zweimal gewarnt", klang Falter's Stimme metallisch krächzend.

Nach zwanzig Minuten Fahrtzeit bog Tschernikow auf einen Feldweg ab. Nach weiteren zehn Minuten Rumpeln war das angestrebte Ziel erreicht: Der rostige Zaun, das Kruzifix – da standen jetzt ein Feuerwehrkranwagen, zwei Bestattungswagen, zwei Limousinen und ein Streifenwagen.

Geistesgegenwärtig gab Tschernikow Gas und schleuderte zwischen Streifenwagen und dem Kranwagen im engen 360 Grad-Kreis herum und erreichte wieder den Feldweg. Der Motor der schweren Limousine heulte auf und beschleunigte das Auto maximal.

Im Fond des Wagens presste Falter die Pistole fester an Svens Rippen.

Das Wetter war etwas besser geworden. Die Wolken hatten gegen Abend die Herrschaft über den feuchten Himmel gewonnen. Sue ließ ihren neugierigen Blick nach Süden schweifen. Es zeigten sich immer mehr Lücken in der vorher kompakten, geschlossenen Decke des Abendhimmels. Sie drückte zum vorerst letzten Mal die Return-Taste ihres Laptops und sah auf den Bildschirm vor sich. Keine Veränderung des Displays. Sie drückte noch einmal die Return-Taste. Da entdeckte sie die Zahlenkolonnen, die über den Bildschirm rasten. Wieder eine Fehlfunktion vor ihren geröteten Augen! Was soll das? Sie drückte die On-Off Taste, bis der Bildschirm verlosch. Morgen früh würde sie ihn wieder aufs Neue geordnet hochfahren. Doch zuerst würde sie schlafen, erholsam schlafen.

Am nächsten Morgen saß sie wieder vor ihrem Computer. Sie fuhr ihn sorgsam hoch. Aber dann sah sie den Hinweis auf eine Anlage. Was sollte das. Irritiert fixierte sie den Bildschirm und öffnete fast automatisch den Anhang, ohne genau zu wissen, was da vor sich ging. Wieder tanzten wie gestern Abend die Zahlenkolonnen hin und her, blieben stehen, verschwanden wieder und tauchten aufs Neue auf; und langsam, ganz langsam materialisierte sich das Bild auf dem Desktop. Sie konnte sich keinen Reim darauf machen, was da jetzt passiert war. Da war nicht die e-Mail die sie erwartet hätte, wenn sie denn eine erwartet hätte. Im Absenderfeld war es deutlich zu erkennen. Da stand „user unknown“ und im Adressfeld ein unbekannter Name. Ein Name, den sie noch nie gelesen hatte. Sie vergrößerte den Bildausschnitt und vergrößerte ihn nochmals. Sie konnte mit dem Begriff nichts anfangen. Sie speicherte die Mail ab und schickte das Ganze an Georg. Das sollte er sich ansehen, sobald er vorbeischaute. Georg würde schon wissen, was mit dem Laptop los war.

Sie grinste erleichtert, als sie an Georg dachte. Georg war ihr Mann für alles, was mit dem Computer zusammenhing. Georg war ihr persönlicher „Trouble-Shooter“. Ja, manchmal ging er ihr auch auf die Nerven – mal mehr, mal weniger. Aber er war zuverlässig. Immer da, wenn sie ihn brauchte, immer...

Eine halbe Stunde später beschloss sie, sich Kaffee zu kochen. Als sie in der Küche stand, fiel es ihr wieder ein. Gestern hatte sie das letzte Pulver verbraucht, und sich vorgenommen, heute morgen ein neues Päckchen zu kaufen.

Scheiße, sie hasste solche sinnlosen Unterbrechungen. Sie stand einen Augenblick unschlüssig vor der Spüle. Aber dann beschloss sie, doch, zu gehen. Jetzt direkt. Etwas Bewegung würde ihr guttun. Sie zog eine Jacke über, steckte den Schlüsselbund in die Tasche und machte sich auf den Weg.

Der kleine Gemischtwarenshop um die Ecke würde geöffnet sein. Er hatte immer geöffnet, auch wenn die großen Geschäfte längst geschlossen hatten. Aber was soll‘s, auch wenn er etwas teurer war: sie brauchte nur den Kaffee. Zehn Minuten später kam sie zurück. Sie schloss die Wohnungseingangstür auf und merkte direkt, dass etwas nicht stimmte. Sie hatte das Radio angelassen – aber jetzt war es ausgeschaltet.

Warum nur, warum? Da hörte sie ein ganz leises Geräusch aus dem Wohnzimmer. Ganz leise nur, aber es war nicht zu überhören. Jemand hatte auf die Tastatur gedrückt. Sie ging hinüber. War das Georg? Nein, unmöglich. Er war um diese Zeit in der Firma. Immer, bis auf die Wochenenden. Aber heute war Dienstag.

Sie ging. Und da sah sie Ihn, den Fremden.

Er stand, mit dem Rücken zu ihr, am Schreibtisch. Er hatte gerade den Deckel vom Laptop zugeklappt und sah sie an. Mit einem weiten Satz stand er vor ihr.

„Was ist mit der e-Mail?“ fragte er gefährlich leise und fixierte ihr Gesicht.“ Welche E-Mail“ fragte sie zurück und nachdrücklicher: „Sie sind in meiner Wohnung, einer fremden Wohnung, wo sie nichts zu suchen haben. Verlassen sie diese sofort, sonst...“

Weiter kam sie nicht. Stattdessen traf sie der erste Schlag ins Gesicht. Und dann noch einer, und noch einer. Es waren harte, brutale Schläge. Sie stolperte rückwärts, verlor das Gleichgewicht und fiel zu Boden. Sie sah ihn hasserfüllt an, und öffnete den Mund, um zu schreien. Da traf sie der Tritt seines rechten Fußes an der Schläfe. Das gab ihr den Rest. Ihr Kopf knallte auf den Teppichboden. Der Aufprall ließ sie verstummen. Sie verlor kurz das Bewusstsein.

Vom Schmerz im Hinterkopf wachte sie wieder auf und sah seinen Schuh, der sich auf ihr Gesicht zubewegte. Sie schloss die Augen und stöhnte. Dann lag sie unbeweglich, zusammen gekrümmt. Sie wollte schreien – aber kein Laut kam über ihre Lippen. Sie schmeckte das Blut, das sich im Mund gesammelt hatte. Dann musste sie husten. Krampfhaft versuchte sie, ihre Atemwege frei zu bekommen. Als der Hustenanfall vorbei war, weinte sie. Der Kopf schmerzte höllisch. Aus dem linken Auge, das, anders als ihr rechtes, nicht geschwollen war, sah sie nach oben. Da traf sie noch einmal ein Tritt gegen ihren Kopf. Sie verlor endgültig das Bewusstsein, aus dem sie eine halbe Stunde später erwachte.

*****

Sie hörte Stimmen. Sie hörte Georg´s Stimme. Und Mike, dessen Freund. Mike stand gebückt über ihr. „Was ist mit dir, Sue. Wach auf, wir haben den Krankenwagen gerufen, und die Polizei – beide müssen gleich da sein." Er sah auf seine Uhr." Gleich, sofort. Wer hat dich so zugerichtet, Wer??? Wer war das?"

Er griff besorgt unter ihren Kopf und hielt ihn etwas hoch. Als sie stöhnte, ließ er ihn wieder auf den Boden gleiten. Vorsichtig, ganz vorsichtig. Jetzt wieder Georgs Stimme. „Ich hatte gestern früh mein Handy hier bei dir vergessen. Deswegen sind wir kurz rauf gekommen. Ein Glücksfall, wie wir jetzt wissen. Aber wer war denn hier, wer hat dir das angetan? Er hat deine Wohnung verlassen, als wir kamen."

Von unten machte sich Lärm breit, sie hörte die Klingel. Fordernd. Dann wurden Stimmen laut. Eine Stimme, schneidend, übertönte die anderen. „Frau Kramer, sind sie da? Melden sie sich, wir kommen jetzt rein. Erschrecken sie nicht!“

Die Wohnungstür öffnete sich ganz. Da stand er, der Polizist, eine Pistole in seiner rechten Hand. Er rief zurück über seine Schulter.“ Kommen sie her, hierher, schnell.“

Er sah Georg an.

Die Stimme des Fremden fixierte sie. „Wer sind sie? Haben Sie uns angerufen?“ Seine Hand hielt immer noch die Waffe hoch. Neugierige Blicke erfassten sie.

„Was war hier los, reden sie?“

Georg stotterte. „Also, wir sind gerade hier hereingekommen, Mike“ er deutete auf Mike, „und ich“. „Da haben wir sie gefunden. Jemand hat sie zusammengeschlagen.“ Ein Rettungssanitäter betrat die Diele, gefolgt von einem Arzt. Beide betraten das Wohnzimmer. Der Sanitäter rief laut hinter sich: „Dr. Paul kommen sie herein. Hier, im Wohnzimmer, da liegt sie.“

Der Arzt schob Georg von Sue weg und beugte sich über die junge Frau. Er schüttelte den Kopf, und sagte laut zu ihr: „Hören sie, können sie mich hören? Nicken sie bitte!“

Sie nickte vorsichtig unter Schmerzen. Stöhnte, und flüsterte. „Geht nicht, ich... Der Mann, der Laptop.“ Dann verstummte sie wieder. Der Arzt, der nun neben dem Sanitäter stand, untersuchte sie oberflächig, hatte eine Spritze in der Hand.“ Das ist gegen die Schmerzen, und zur Beruhigung. Wir bringen sie jetzt ins Krankenhaus, zur Rot Kreuz Klinik. Treten sie bitte zur Seite.“

Der Polizist hatte jetzt einen Stift und einen Schreibblock in der Hand. Er sah Georg an.“ Geben sie mir Ihre

Personalien, von allen dreien. Und noch einmal die Frage: Was ist hier los gewesen?"

Der Blick des Polizisten war scharf, fordernd. Die Stimme laut und schneidend.

Als er die Personalien notiert hatte, sah er ihn wieder an, forschend.

„Nun erzählen sie uns nochmal in allen Einzelheiten, was hier los war. Beginnen sie ganz am Anfang!"

„Also, Mike und ich, wir kamen hierher, weil ich gestern mein Telefon liegen ließ. Die Tür war abgeschlossen. Da Sue auf mein Klingeln nicht reagierte, habe ich den Zweitschlüssel genommen, den ich von ihr hatte. Als wir in der Wohnung waren, lag Sue auf dem Boden, und ein Fremder stürmte an uns vorbei. Ich sah ihn nur flüchtig, da alles sehr schnell ging. Ich, oder wir, wir haben uns dann um Sue gekümmert. Sie war ohnmächtig und lag da auf dem Boden. Dann habe ich den Krankenwagen und sie angerufen. Das war dann alles, was passiert ist."

Nach dieser Schilderung von Georg, die danach von Mike nickend bestätigt wurde, und der Beantwortung einiger weiterer Fragen, war der Polizist zunächst zufrieden. Er schloss sein Notizbuch und meinte:" Das war zunächst alles für den Augenblick. Kommen sie dann nachher zu uns auf das Präsidium. Wir müssen dann später noch ein Protokoll aufnehmen. Ich gebe ihnen jetzt meine Visitenkarte, hier, damit sie uns finden. Ich gehe nun, bis später. Auf Wiedersehen, meine Herren."

„Auf Wiedersehen Herr Kommissar."

*****

Sue wurde wach und versuchte sich zu orientieren. Schmerzen überall. Besonders ihr Kopf tat weh. Sie schaute nach oben. Dann erschrak sie. Ihr Hals was unbeweglich, nicht zu wenden.

Was ist mit mir passiert?

Sie versuchte, den Schmerz zu überwinden. Es ging einfach nicht. Dann merkte sie es. Sie trug eine Schiene. Und als sie ihren Hals abtasten wollte, wurde ihr klar, dass ihr Kopf und ihr Hals bis hinab zu ihrem Brustkorb durch Gips blockiert waren. Aber ihre Augäpfel konnte sie bewegen. Immerhin.

Sie richtete ihren Blick zur Zimmerdecke. Ein leichtes Lindgrün. Direkt über ihrem Kopf sah sie eine Neonleuchte.

Dann versuchte sie, ihren rechten Arm zu bewegen. Es ging nur mit Mühe, aber es ging. Der linke Arm dagegen war unbeweglich. Wohl auch eingegipst! Die beiden Beine konnte sie bewegen -- gut! Sie bewegte sie nach rechts und links, bis zu den Zehen. Sie gehorchten ihren Befehlen. Das machte sie glücklich, obwohl die Beine auch schmerzten, wenn sie sie bewegte. Aber immerhin: zwei Beine und ein Arm. Nicht gebrochen oder vergipst.

Sie musste grinsen und lächeln über sich. Das war eine Art von Galgenhumor, den sie so noch nie erlebt hatte. Und was war mit ihrem Laptop. Sie hatte an ihm gearbeitet. Bevor sie den Kaffee gekauft hatte. Den Kaffee hatte sie in dem kleinen Laden. Dann war sie nach Hause gegangen. Dort hatte er auf sie gewartet. Der Unbekannte, der sie nach der e-Mail gefragt hatte. Welche e-Mail?

Stückweise kam mehr von ihrer Erinnerung zurück. Sie versuchte, sich an die Mail zu erinnern. Die Mail von dem Absender, der ihr unbekannt war. Dessen Namen sie noch nie gehört hatte. Dann wurde ihr wieder schwindlig. Sie schloss die Augen, und versuchte einzuschlafen. Jetzt war sie schmerzfrei. Doch dann versuchte sie sich zu drehen – und der Schmerz kam zurück.

Eine Krankenschwester war an ihr Bett getreten. Sue flüsterte ihr zu. „Haben sie eine Schmerztablette für mich?"

Die Krankenschwester verschwand, doch nach einigen, langen Minuten, kam sie mit einer Ärztin zurück." Wo bin ich hier? Was ist mit mir geschehen?" Die Ärztin antwortete leise: „Sie sind im Rot-Kreuz-Krankenhaus. Sie wurden vor sieben Stunden eingeliefert. Jemand hat sie arg zugerichtet."

„Und wo ist mein Freund Georg?"

„Ich gebe ihnen noch eine Spritze, und dann schlafen sie wieder. Ihr Freund Georg kommt bald. Beruhigen sie sich!"

Sie spürte den Einstich der Nadel in ihrem Arm. Dann wurde ihr wieder schwarz vor Augen.

*****

Dann wurde sie wieder wach. Und sie erinnerte sich an diesen Fremden in ihrer Wohnung. Der hatte sie nach der Mail gefragt. Die Mail, die sie sich nie genau angeschaut hatte. Deren Absender sie nicht gekannt hatte. Sie zerbrach sich den Kopf, und versuchte, alles wieder zu ordnen.

Wo war ihr Handy? Wieviel Uhr war es jetzt?

Sie drückte den weißen Klingelknopf, der von der Lampe über ihrem Kopf herabbaumelte.

*****

Die Stimme, die sie nun hörte, gehörte nicht zu der Krankenschwester, sondern eindeutig zu Georg. Ihrem Georg. Sie öffnete die Augen ganz. Sie lächelte ihn an. Er schaute ihr besorgt ins Gesicht und fragte." Na, wie geht es dir?"

Sie versuchte, die Schultern zu heben. Aber da war er wieder, der Schmerz. Resigniert antwortete sie: „So la la. Erzählst du mir, was los war? Kannst du in meinem Schrank nachschauen, wo mein Handy ist? Wieviel Uhr ist es jetzt?"

Er drehte sich um und öffnete die Schranktür. Er kramte etwas herum und hatte nach Kurzem ihr Handy in der Hand. Er reichte es ihr. Mit einem leichten Kopfnicken sagte er zu ihr: „Brauchst du sonst noch etwas von zu Hause?" Sie nannte ihm die ersten sechs Gegenstände, die ihr gerade einfielen, und den Laptop. Dann meinte er mit einem Blick auf ihren Kopf: „So so, alles eingegipst. Dieses Gangsterschwein hat dich ganz schön in der Mangel gehabt. Es war nur gut, dass Mike und ich zufällig vorbeigekommen sind. Dann hat der Bursche die Fliege gemacht"

„Warum seid ihr beide überhaupt vorbeigekommen, um diese Zeit?"

„Das Telefon. Ich hatte mein Handy bei dir vergessen.

Und bei der Arbeit habe ich es gebraucht. Ein Glück, dass wir den Einbrecher verjagt haben, sonst..." Er endete nicht und schwieg.

*****

Als er am nächsten Vormittag bei ihr vorbeischaute, ging es ihr schon merklich besser. Ihre Stimmung hatte sich erheblich aufgehellt.

Als er ihre mitgebrachten Utensilien auspackte, sah sie ihn fragend an: „Wo ist mein Laptop? Du hast ihn wohl vergessen?"

„Dein Laptop? Nein, es war nicht da. Nicht auf deinem Schreibtisch, wo du ihn immer stehen hast, noch sonst wo. Ich habe überall nach ihm gesucht. Es ist weg. Verschwunden!"

Als sie wieder allein war, dachte sie über den verschwundenen Laptop nach. Ihr fiel keine Lösung dazu ein. Sie hatte noch am letzten Abend vor dem Überfall daran gearbeitet. Es kam die Mail von dem unbekannten Absender an. Die Mail, mit der sie nichts anfangen konnte. Die Mail, die sie an Georg weitergeleitet hatte.

Sie würde Georg danach fragen, wenn er nächstes Mal vorbeikäme.

******

Als Georg wieder zu Besuch da war, war Sonntag. Sie fragte ihn sofort nach der unbekannten Mail. „Ja, ich habe eine Mail bekommen. Die Adresse des Empfängers war nicht sue@sue.com, was deine korrekte Adresse gewesen wäre, sondern sur@sur.com.

Mit dieser Adresse konnte ich nichts anfangen. Aber es standen seltsame Sachen drin. Ich habe sie gelöscht, weil sie wohl fehlgeleitet war, oder der Absender eine falsche Adresse eingegeben hat. Also sur statt sue. Das ‚r‘ steht in der Tastatur direkt neben dem ‚e‘. Da kann leicht ein Fehler passieren.

„Weißt du noch, was da dringestanden hat?“

„Ungefähr. Ich werde es in Angriff nehmen. Ich versuche, das aus meinem Gedächtnis zusammen zu setzen. Also, da schrieb einer Namens Boris sinngemäß, er habe den Auftrag zur Zufriedenheit aller ausgeführt. Karl sei wie besprochen beseitigt worden. Er werde niemanden mehr belästigen, und zwar für immer. Das habe er erledigt. Für alle Fälle habe er ein Foto davon gemacht, das im Anhang beigefügt sei. Die Organisation, die den Auftrag erteilt habe, könne zufrieden sein.“

Sue erwiderte: „Und was hat das alles zu bedeuten?“

Georg antwortete nach einer kurzen Pause: „Das weiss ich wirklich nicht.“

*****

Als Georg gegangen war, versuchte Sue einzuordnen, was sie eben gehört hatte. Sie nahm ihr Handy und wählte Georgs Nummer. Sie fragte ihren Freund, ob er die Mail, die gelöscht war, wiederherstellen könne. Nur für alle Fälle, falls ihr Laptop tatsächlich verschwunden bliebe. Ihr Freund antwortete, er werde das gerne versuchen. Das dürfte kein Problem sein.

Danach lehnte Sue sich in ihr Kissen zurück, und versuchte, noch etwas zu schlafen. Der Besuch von Georg hatte sie doch sehr erschöpft, so sehr sie ihn auch mochte. Sie merkte, dass sie noch immer sehr unter ihren Verletzungen litt.

Am folgenden Tag bekam sie Besuch von dem Polizeikommissar, der sie schon unmittelbar nach dem Überfall besucht hatte. Er entschuldigte sich für sein spätes Kommen, aber mehrere Anrufe im Krankenhaus hätten bisher ergeben, dass sie für ein ausführliches Verhör gesundheitlich noch zu angeschlagen sei. Aber jetzt sei sie mit Einschränkungen wieder ziemlich wiederhergestellt. Ob sie denn nun für ein ausführliches Verhör bereit und dazu fähig sei?

Sie bat den Polizisten, am kommenden Tag wieder zu kommen. Sie hoffe dann so weit zu sein, dass sie ihm auch länger für eine Befragung zur Verfügung stehen könne...

*****

Am Nachmittag dieses Tages wachte sie plötzlich auf. Jemand war bei ihr im Zimmer. Ein Fremder, der nicht hierher gehörte. Sie öffnete die Augen – da sah sie wieder den Fremden. Er stand neben ihrem Bett und sah sie prüfend an. In der rechten Hand hatte er ein langes Messer, das auf ihren Hals gerichtet war.

Sie drehte sich mit einem Ruck zur Seite, und schrie, so laut sie konnte: ”Hilfe, Hilfe.“

Ob das laut genug war, um Hilfe zu rufen, wusste sie nicht, aber ein erster Erfolg war, dass der Fremde zusammenzuckte. Er sah sich irritiert um, und machte einen Schritt zurück. Er sah zur Tür, die sich im selben Moment öffnete. Die eintretende Krankenschwester sah den Fremden mit Erstaunen an. Als sie die zum Zustechen ausgestreckte Hand und das blitzende Messer sah, stieß sie einen spitzen Schrei aus. Und wieder schrie Sue, mit erlöschender Kraft, um Hilfe. Es war mehr ein Röcheln, das ihr entfuhr. Aber es reichte, um den Fremden von seinen Absichten abzuhalten.

Er stürmte plötzlich auf die halb geöffnete Tür zu und schob die im Eintreten begriffene Krankenschwester rüde zur Seite und verließ das Krankenzimmer, so schnell er konnte. Dann verloren sich seine Schritte auf dem Gang.

Nach dieser Attacke war Sue höchst beunruhigt. Sie fragte sich nach den Gründen für den Anschlag. Woran lag es, dass sie jemanden störte. Lag es an der seltsamen Mail, die von ihrem Laptop verschwunden war? Die Mail, die sie an Georg weitergeleitet hatte. Die Georg gelöscht und wieder rekonstruiert hatte?

Zuerst musste sie ihren Laptop auftreiben. Das hatte Priorität für sie. Das wusste sie jetzt.

*****

Sie verbrachte eine unruhige Nacht in der Klinik. Auch die behandelnde Ärztin war sehr beunruhigt; sie hatte Sue in ein leeres Zimmer verlegen lassen und versucht,

Kontakt zur Kriminalpolizei aufzunehmen. Drüber hinaus hatte sie eine Krankenschwester als Sitzwache eingeteilt, die die kommende Nacht nicht von ihrer Seite weichen sollte.

Am nächsten Morgen kam wieder der Polizist zu ihr. Er stellte sich vor als Axel Brinkmann und begann seine angekündigte Befragung. Doch zuerst begann er mit einer Entschuldigung.

„Ich habe von der behandelnden Ärztin erfahren, was gestern geschehen ist.

Es war eine bedauernswerte Panne, die da passiert ist. Noch einmal: ich bedauere zutiefst, was ihnen zugestoßen ist. Ich bedauere von ganzem Herzen zutiefst die Umstände dieses Ereignisses. Es war eine Übermittlungspanne, für die ich die volle Verantwortung übernehme. Es wird Konsequenzen haben, das kann ich ihnen versichern. Und damit sind wir auch schon beim Thema meines Besuches. Es ist mir noch immer nicht ganz klar, warum der Verbrecher sie verfolgt. Warum er sie im Visier hat. Sind sie ihm bei ihren Recherchen irgendwie zu nahegekommen? Was für eine Art von Nachforschungen waren dies? Und noch etwas Anderes. Ich würde sie gerne hier weg haben. Ich denke, ihre Sicherheit ist bedroht. Oder ich stelle zwei Beamte ab, die sie rund um die Uhr bewachen. So haben sie einen umfangreichen Polizeischutz für den Fall, dass der Attentäter noch einmal zuschlagen will. Verstehen sie mich, Sue, Ich darf sie doch Sue nennen?“

Sue dachte laut nach.: „Wie ich mir den Zorn eines anderen Menschen zugezogen haben soll, ist mir völlig schleierhaft. Aber ich werde beruhigt sein, falls sie mich bewachen lassen. Nur für den Fall, dass so etwas noch einmal passieren sollte. Obwohl ich auch nicht weiß, was das Ganze überhaupt soll."

Sie sah den Kommissar vorwurfsvoll an. „Das wichtigste für mich ist im Moment: Ich möchte hier raus. Und zwar schnell. Ich denke, ich bin gesundheitlich soweit wiederhergestellt. Ich halte es hier nicht mehr aus – hier kann ich nur darauf warten, dass man noch einmal versucht, mich umzubringen. Dazu habe ich keine Lust mehr, wirklich!"

Der Polizist sah sie kritisch an. „Verstehen sie das bitte. Ich kann sie jetzt unmöglich nach Hause lassen. Der oder die Verbrecher kennen schließlich ihre Adresse. Das hieße ja, ihm oder ihnen einen Freibrief zu geben. Zunächst müssen wir sie schützen und zu ermitteln versuchen, was die Hintergründe der Vorgänge sind. Wir tappen schließlich immer noch im Dunkeln. Meine Antwort auf Ihr Anliegen kann nur ein überzeugtes Nein sein."

Sue dachte nach: „Ich habe Verständnis für Ihre Bedenken. Aber wie sähe es aus, wenn ich bei meiner besten Freundin unterschlüpfen würde. Wenn ich dort einige Tage Unterkunft finden würde. Wie sähe das dann aus? Dann wüsste niemand, wo ich bin, und sie hätten Zeit für ihre weiteren Ermittlungen. Was halten sie von diesem Vorgehen?"

„Bedingt ja, aber zuerst müssen wir ein OK von ihrer Ärztin bekommen. Wir können sie erst dann irgendwo unterbringen, wenn die Medizinerin zustimmt. Dann könnte ich mich mit Ihrem Vorschlag anfreunden. Also zuerst brauchen wir die Zustimmung der behandelnden Ärztin. Und sie müssen sich im Klaren darüber sein, dass sie jeglichen Kontakt zu allen ihrer Bekannten einstellen müssen. Also sämtliche Kontakte zu ihrer gewohnten Umgebung haben zu unterbleiben. Darüber hinaus müssen sie sämtliche Telefonkontakte zu Leuten ihrer gewohnten Umgebung einstellen. Ich werde auch Ihr Handy an mich nehmen. Für Ihre Absicherung wird sie ein Polizist begleiten, der sie bei Tag und Nacht nicht mehr aus den Augen lassen wird. Sonst wäre mir das Risiko einer Enttarnung ihres momentanen Aufenthaltsortes zu groß."

*****

Nachdem der Polizist sich lang und ausführlich mit der behandelnden Stationsärztin unterhalten hatte, gab er schließlich seine Zustimmung zu dem gewünschten Ortswechsel. Sue bestand allerdings darauf, dass sie zu allererst einen Abstecher zu ihrer Wohnung machten. Sie wollte eine Tasche mit Kleidung und Toilettenartikel und vor allem ihren Laptop mitnehmen.

Sie packte in ihrer Wohnung die erforderlichen Utensilien ein, und dann machte sich auf die Suche nach ihrem Computer. Aber diese Suche erwies sich so aussichtslos, wie sie es insgeheim befürchtet hatte. Nachdem sie akribisch alle ihre Schränke und Abstellmöglichkeiten durchsucht hatte, stand es für sie fest: Der Laptop war und blieb verschwunden.

Auf dem Rückweg machten sie einen Zwischenstopp

im Polizeikommissariat. Da Kommissar Brinkmann im Moment abwesend war, brachte sie der begleitende Polizist zum Polizeizeichner, der sie aufforderte, aus der Erinnerung mit Computerunterstützung ein detailgetreues Bild des Gangsters, der sie überfallen hatte, zu erstellen. Es erwies sich, dass die Erinnerung an den Überfall zu Hause nur sehr verschwommen war. Der interviewende Polizist führte dies auf die kurzfristige Ohnmacht des Opfers zurück.

Dagegen war die Erinnerung von Sue an den Unbekannten im Krankenhaus noch sehr präsent und ergab ein zufriedenstellendes, eindrucksvolles Bild des Verbrechers.

Dann fuhren sie in die Wohnung ihrer Freundin Susanne, die Sue und den sie begleitenden Polizisten hocherfreut begrüßte. Bei einer Kanne Kaffee feierten sie ein herzliches Wiedersehen.

*****

„Und wie gedenken sie nun weiter vorzugehen?" fragte Sue den Polizisten, als etwas Ruhe eingekehrt war.
Der Polizist antwortete zögerlich: „Darüber kann ihnen Kommissar Brinkmann genauere Auskunft geben. Er wird bald hier sein, und sie über unsere geplanten Maßnahmen informieren. Ich bin, was das anbetrifft, nicht befugt, ihnen Auskunft zu geben."

Mit dieser unbefriedigenden Auskunft musste sich Sue, gewollt oder ungewollt, notwendigerweise zufriedengeben.

Daraufhin bat Sue ihre Freundin Susanne, kurz ihren Freund Georg anzurufen. Sie werde nicht lange mit ihrem Freund reden, sagte Sue zu dem Polizisten beiläufig.

„Es tut mir leid, aber da darf ich nicht zustimmen", sagte der Polizist bestimmt. „Wenn Herr Brinkmann zurückkommt, wird er ihnen ein neues Handy mitbringen, das mit einer Prepaid-Karte ausgestattet sein wird. Dann können sie telefonieren, soviel sie wollen, allerdings dürfen sie nie jemandem bekanntgeben wo sie sich dann aufhalten. Vergessen sie das bitte nie"

Als zwei Stunden danach Kommissar Brinkmann auftauchte, übergab er Sue ein neues Handy mit einer Prepaid-Karte. „Nun können sie wieder telefonieren, soviel sie wollen. Aber noch einmal: Wenn sie ihren momentanen Aufenthaltsort preisgeben, muss ich darauf bestehen, dass wir sie unter Bewachung ins Polizeipräsidium überführen und dort, so lange wie nötig, festhalten. Es ist also in ihrem ureigenen Interesse."

Kaum hatte Sue ihr neues Handy in der Hand, rief sie ihren Freund Georg an. sie erstattete kurz Bericht über ihren derzeitigen Zustand, und dass zur Zeit kein Treffen möglich sei. Dann kam sie auf die Angelegenheit zu sprechen, die ihr auf den Nägeln brannte: Der unbekannte Ort ihres Laptops.

„Ich habe ihn auch seit dem Anschlag auf dich nicht mehr gesehen. Die einzige Möglichkeit, die mir einfällt, ist, dass der Gangster ihn mitgenommen hat. Sonst fällt mir auch nichts ein. Noch etwas: Ich werde morgen später kommen; ich bin mit Mike und den anderen zum Klettern verabredet."

Mit dieser Auskunft ihres Freundes zum Laptop musste sich Sue notgedrungen zufriedengeben. Mit einem betrübten „Tschüss“ verabschiedete sie sich von ihrem Freund.

*****

Am Mittag dieses Tages fuhren Mike und Georg zum Arbeitsplatz von Kommissar Brinkmann, der sie gebeten hatte, möglichst detailgetreu eine Beschreibung des Mannes, der am Überfall auf Sue Kramer beteiligt war, abzugeben. Ein anwesender Polizeizeichner erstellte nach den Anweisungen der beiden zwei Bilder des Verbrechers. Er wurden zwei lange Sitzungen, bei denen die jungen Leute zuerst getrennt und dann gemeinsam ihr Wissen vermittelten.

*****

Am nächsten Morgen trafen sich die Freizeitsportler. Es herrschte gute Stimmung zwischen den jungen Leuten. Nach einigen Umbaumaßnahmen war die Kletterwand breiter und höher geworden. Da an diesem Tag zu dieser Tageszeit nicht sehr viele Besucher da, hatten die jungen Leute fast die gesamte Kletterwand für sich. Wie so oft machten sie zum Aufwärmen erst ein gemeinsames Bodentraining.

Als sie sich fit genug fühlten, gingen sie nach dem Aufwärmen an die neu gestaltete Hauptwand. Sie entschieden sich wie immer, um den Schwierigkeitsgrad sukzessive zu erhöhen, gleich zu Beginn der Tour für einen

Mix nach der UIAA-Skala und der sächsischen Skala. Mit diesem Schwierigkeitsgrad gaben sie sich fürs Erste zufrieden. Sie steigerten nach und nach die Klettergeschwindigkeit, bis sie kurz vor dem Überschreiten der eigenen Fitnessobergrenze waren.

Da passierte es:

Georg bekam einen Krampf im rechter Arm. Er kam ins Stocken.

Er rief Mike zu: „Ich habe einen Krampf im rechten Arm, ich muss runter.“ Langsam ließ sich der junge Kletterer ab. Da verhakte sich sein neues Hauptseil unterhalb der oberen Befestigungsöse. Er zog an seinem Hauptseil, um dieses wieder frei zu bekommen. Er hing in der Wand, und ließ sein Gewicht ruckweise das Hauptseil belasten. Doch das hätte er nicht tun sollen. Sein ganzes Gewicht hing nun an dem verhedderten Hauptseil, das durch den zu starken Ruck überlastet wurde und riss. Er konnte sich nicht mehr halten und stürzte aus zwölf Metern Höhe ab. Dabei traf er hart auf dem gefederten Boden auf und blieb bewegungslos liegen.

Mike hatte inzwischen ebenfalls den Boden erreicht und löste sich von seinem Hauptseil. Er eilte zu seinem offenbar verletzten Freund und bemühte sich, ihm erste Hilfe zu leisten. Als er die verkrümmte Wirbelsäule des jungen Mannes sah, beschloss er, seinen Freund so liegen zu lassen. Zu groß war seine Furcht, dass seine Bemühungen zu grösseren Schäden führen könnten. Er bettete den Kopf von Mike vorsichtig auf eine Decke und wartete auf den herbeigerufenen Rettungswagen. Die schnell handelnden Notfallsanitäter und der sie begleitende Notarzt versuchten, den Kletterer erschütterungsfrei in den Rettungswagen zu transportieren und ins nächstgelegene Unfallkrankenhaus zu überführen.

Dort konnten die Ärzte allerdings nur noch seinen Tod feststellen.

*****

Der behandelnde Arzt sandte eine Routinemeldung zur Polizei. Diese Meldung geriet automatisch auf den Schreibtisch von Kommissar Brinkmann, dessen Mitarbeiter die Meldung des Unfalltodes des jungen Sporttreibenden als genau solch einen Unfalltod abheften und archivieren wollten.

Als Brinkmann Sue anrief, um sie vom Tod des Freundes zu informieren, war Sue fassungslos und tief erschüttert. Als sie Zeit fand, die Nachricht zu verarbeiten, fiel ihr die verschwundene E-Mail wieder ein. Sie beschloss, Herrn Brinkmann zu informieren.

„Herr Brinkmann, ich muss sie über etwas informieren, das mir schon lange Zeit durch den Kopf geht. Am Tage vor dem Überfall auf mich, habe ich eine Mail von jemandem erhalten. Da ich den Absender nicht kannte, und auch sonst nichts damit anfangen konnte, habe ich diese Mail an meinen Freund weitergeleitet. Er las sie. Aber da er auch die Mail nicht zuordnen konnte, hat er sie ebenfalls gelöscht. Da sie Mail jetzt verwunden war, habe ich ihn gebeten, sie wiederherzustellen. Ich wollte mir die Mail noch einmal anschauen. Jetzt muss die Mail auf seinem Rechner wieder existieren. Nun, nach diesem furchtbaren Unfall denke ich, vielleicht hat der Tod meines Freundes irgend etwas mit dieser Mail zu tun. Was denken sie darüber? Können sie sich diese Mail noch einmal anschauen. Schließlich war mein Freund ein erfahrener Kletterer. Und diese Nachricht von seinem Unfalltod erscheint mir nicht plausibel, nicht ins Bild passend. Er war in dieser Hinsicht nicht risikobereit."

„Und sie haben keinerlei Zugriffsmöglichkeit mehr zu dieser Mail?"

„Nein, wie ich schon sagte, nein. Mein Laptop ist schließlich verschwunden, geklaut, bei dem Überfall neulich. Aber man könnte diese Mail wahrscheinlich finden, wenn man den Computer meines Freundes untersuchen würde.

„Gut, dann werden wir uns den Rechner ihres Freundes mit Interesse anschauen. Wissen sie, wo er steht?"

„Ja, er hatte ihn immer in seiner Wohnung im Wohnzimmer auf dem Schreibtisch stehen."

„Gut, dann werden wir uns bald zur Wohnung ihres ehemaligen Freundes aufmachen. Bis bald, Sue."

*****

Noch am Nachmittag desselben Tages betrat Kommissar Brinkmann die Wohnung von Su's Freund. Als er die Wohnung von Georg Petzold kritisch durchforstete, entdeckte er im geräumigen Wohnzimmer sofort dessen Computer. Er fuhr ihn hoch und entdeckte im Verzeichnis die besagte Mail. Stirnrunzelnd versuchte er eine Erklärung zu finden, was da in der letzten gesandten Nachricht zu lesen stand. Er versuchte zu verstehen, was er nicht verstand – es war eine Nachricht von einem Unbekannten namens Boris an einen ebenfalls Unbekannten mit Namen Sur, in der er diesem mitteilte, er habe den Auftrag ordnungsgemäß ausgeführt. Karl sei befehlsgemäß beseitigt. Die Organisation könne zufrieden sein. Der Inhalt der Mail gab Brinkmann Grund für eingehende Recherchen.

*****

Zurück in seiner Dienststelle durchforstete er alle Meldungen im Zeitraum der letzten drei Monate, die sich europaweit mit gemeldeten Leichenfunden befassten oder damit in Zusammenhang standen. Nach dieser Sisyphusarbeit nahm er sich alle Vermisstenmeldungen, im betreffenden Zeitraum, für männliche Personen im Alter von 15 bis 70 Jahren vor. Die Bemühungen seiner mehrstündigen Ermittlungsarbeiten erwiesen sich erwartungsgemäß als negativ. Enttäuscht schaltete er seinen Computer aus. Es wäre so schön gewesen...

Danach beschloss er, seine Nachforschungen für heute einzustellen. Er brauchte einen klaren Kopf. Ein oder zwei Biere in seiner nahegelegenen Stammkneipe würden ihm dazu helfen. Auf dem Weg dahin beschloss er, die gesamten Ermittlungen noch einmal, von Anfang an, durchzuarbeiten.

*****

Am nächsten Morgen nahm er gleich den Telefonhörer zur Hand.

Zuerst meldete er sich bei dem jungen Stefan Müller. Er fragte ihn: „Na, wie geht's? Hast du viel zu tun. Hier Axel Brinkmann. Ich bin im Fall der Sue Kramer an einem absoluten Tiefpunkt angekommen.

Ich denke, wir sollten den Fall noch mal von vorne aufrollen, und zwar ganz von vorne. Du wirst dich sicherlich wundern, aber ich denke, zusammen mit dir, Stefan Müller, Evelyn Pink und Karl Heinz Walter werden wir uns die ganze Angelegenheit noch einmal reinziehen. Vielleicht sind wir dann erfolgreicher, wie im Fall Udo Beyerle. Du erinnerst dich. Das war der Assi, der seine Ehefrau auf den Gewissen hatte. An ihm habe ich mir auch die Zähne ausgebissen, bis ihr Drei mir zur Unterstützung gekommen seid. Dann ging alles sehr schnell. Also, wie sieht es aus mit zehn Uhr morgen früh, bei mir im Besprechungszimmer?“

Evelyn Pink betrat als erste den Raum. Sie sah sich neugierig um. Axel Brinkman deutete durch ein leichtes Kopfnicken und schiefes Grinsen seinen Gemütszustand an, der durch die Misserfolge der letzten Tage gezeichnet war. Er sah ihr missbilligend in die Augen und sagte vorwurfsvoll: „Na, wohl 'ne harte Nacht gehabt? Wie geht es ihnen? Hier ist 'ne Menge Arbeit aufgelaufen. Sie haben vielleicht schon am Rande mitbekommen, was da vor sich gegangen ist. Und was da neu zugekommen ist. Kurz, ich habe mich entschlossen, eine Sonderkommission zu bilden. Kriminalrat Oberländer ist eingeweiht. Er billigt mein Verhalten ausdrücklich. Ahh, da kommt ja auch schon Stefan Müller, und ebenfalls Karl-Heinz Walter. Dann können wir ja sofort in anfangen. Also, noch einmal, Guten Tag, meine Dame, meine Herren. Zunächst ein Vorschlag zu Beginn: Was halten sie davon, wenn wir uns duzen?“ Sein fragender Blick wurde mit einem allgemeinen, zustimmenden Lächeln beantwortet.“ Also, ich bin Axel, und eure Vornamen sind bekanntermaßen Evelyn, Stefan und Karl-Heinz.“

Er sah sich um. „Hier sind die gesammelten Unterlagen der bisherigen Ermittlungen, die wir zusammengetragen haben. Jeweils ein Exemplar. Was wir zunächst herausfinden sollten, Evelyn, ist alles, was diese seltsame Mail bedeutet, die offenbar ein Krimineller namens Boris verschickt hat. Darin führt er aus, dass Karl – wohl ebenfalls eine zwielichtige Gestalt – nun beseitigt sei. Die ‚Organisation‘, wie er sich ausgedrückt hat, könne zufrieden sein. Nun unsere Fragen: Um welche ‚Organisation‘ handelt es sich hierbei? Wer ist dieser Boris. Wer war dieser Karl, der nun wohl beseitigt ist? Wo finden wir ihn?

Diese Mail kam offensichtlich fälschlicherweise an eine gewisse Sue Kramer. Diese Kramer hat diese Mail an Ihren Freund Georg weitergeleitet, weil sie nichts damit anfangen konnte. Dieser Freund Georg ist offenbar bei einem Sportunfall ums Leben gekommen. Die Frage ist nun: Stefan War es tatsächlich ein Sportunfall? Und wenn nein: Wer hat ihn verursacht? Wenn du, Stefan, dich darum kümmern könntest?

Der dritte Komplex bezieht sich auf die Anschläge, die auf Sue verübt wurden. Wenn du, Karl-Heinz, dich damit beschäftigen würdest? Also, wie ihr seht: Es ist viel zu tun! Packen wir es an. Hier sind `ne Kopie für dich Evelyn, eine für dich Stefan und eine für dich Karl-Heinz." Er reichte je einen Hefter mit Kopien der bisherigen Ermittlungsergebnisse an seine interessiert dreinschauenden Kollegen.

„Also frisch an die Arbeit. Wenn sich irgendwelche Rückfragen ergeben, dann stehe ich gerne zu eurer Verfügung. Ich bin gespannt auf eure Rückmeldungen. Bis bald!"

*****

Als Evelyn Pink alleine in ihrem Dienstzimmer saß, konzentrierte sie sich. Zunächst wandte sie sich Boris zu. Boris, der offenbar ein Killer war. Vielleicht war er von osteuropäischem Ursprung – dem Namen nach lag dies auf der Hand. Es stellten sich folgende Fragen. Aus welchem Land genau kam er? Aus welchem Kulturkreis kam er? Und sah man ihm seine Herkunft an? Das wäre eine große Erleichterung! Sie wusste nicht, wo anfangen.

Ähnlich erging es Stefan Müller.

Missmutig saß dieser an seinem Schreibtisch und grübelte vor sich hin. Dass Georg Petzold tatsächlich einem Sportunfall zum Opfer gefallen war, erschien plausibel. Im Augenblick des Unfalles war er mit seinem Freund Mike Molto alleine in der Kletterwand unterwegs gewesen. Da wollte er zu allererst einmal nachhaken. Obwohl Stefan Müller vom Klettersport keine Ahnung hatte, würde er versuchen, diese Angaben zu durchleuchten.

Karl Heinz Walter machte sich an seinem Schreibtisch Gedanken über Sue. Der Überfall auf sie hatte tatsächlich stattgefunden und danach im Krankenhaus wollte ihr zusätzlich tatsächlich jemand ans Leder. Das war vom Krankenhauspersonal bestätigt worden.

*****

Evelyn Pink lehnte sich ächzend in ihrem Schreibtischstuhl zurück und versuchte, ihre Gedanken zu ordnen. Zuerst wollte sie sich um Boris kümmern. Ob er wohl ein Russe war oder aus einem der vielen anderen Ostblockstaaten kam? Sie gab den Namen ‚Boris' in die Google Suchmaske ein. Es erschienen mehr als 121'000'000 Einträge. Offensichtlich sinnlos! Dann gab sie Killer als Erweiterung ein. Jetzt fand sie nur noch 180'000 Einträge. Auch sinnlos! Immer noch viel zu viele! Es wäre ja auch viel zu schön gewesen. Nun musste sie über sich selbst lächeln. Dann ärgerte sie sich über diesen ihren nutzlosen, kindlichen und überflüssigen Versuch.

Sie versuchte ihre Gedanken zusammenzuführen. Sie konnte versuchen, herauszufinden, wer im Zeitraum der letzten fünf Jahre mit einem Visum nach Deutschland gekommen war und auf den Namen ´Boris` hörte. Aber wie auf die Datei der Einwanderer kommen? Bei der Immigrantendatei des Einwandererarchivs wurde sie fündig. Vorausgesetzt, Boris war nicht illegal ins Land gekommen und hatte so hier seine Spuren hinterlassen. Sie fand einen Mann namens 'Boris Nemzow' aus Nowosibirsk. Er war vor zweieinhalb Jahren eingereist. Sie fand eine Meldeadresse in Deutschland in Berlin am Steglitzer Kreisel 19. Als Grund seiner Einreise war die lapidare Information ‘Geschäftlich‘ angegeben. Nun galt es, herauszufinden, was genau er im Moment machte. Sie notierte auf einen kleinen Zettel: Boris Nemzow, Steglitzer Kreisel 19. Jetzt dachte sie zufrieden nach. Sie war zufrieden mit ihrer Arbeit und grinste stolz vor sich hin. Das war nun ein Fall für das BKA, falls die Mosaiksteine, die sie zusammengetragen hatte, stimmten.

*****

Sie verließ ihr Zimmer und machte sich auf den Weg zu Brinkmanns Büro. Ein energisches ‘Herein‘ ließ sie die Tür öffnen. Sie betrat den Raum, nickte kurz und sah Brinkmann in die Augen. „Nun“ begann sie, „ich bin vielleicht fündig geworden. Es sieht so aus, als wäre ich bei der Suche nach `Iwan` erfolgreich geworden.

Ein Mann mit Namen Boris Nemzow wohnt in Berlin am Steglitzer Kreisel. Er kam vor zweieinhalb Jahren nach Deutschland. Sie haben doch gute Beziehungen zum LKA in Berlin. Können sie veranlassen, dass diese Adresse überprüft wird?“ Brinkmann sah sie erstaunt an, vermied jedoch, nähere Einzelheiten ihrer Ermittlungsarbeit zu erfragen. Er wusste, dass sie immerhin seit sechs Jahren auf ihrem Posten saß.

So schwieg er zufrieden und war angenehm überrascht, so schnell erste Ermittlungsergebnisse zu erhalten.

Am Nachmittag desselben Tages hatte Brinkmann die

Information bezüglich Boris Nemzow aus Berlin erhalten. Dieser war unter der angegebenen Berliner Adresse in Berlin verdeckt von seinem Gewährsmann in der Bundeshauptstadt identifiziert worden.

Gegen Abend dieses Tages veranlasste er eine direkte Befragung des Verdächtigen zu seinen Verbindungen zur Immigrantenszene in Berlin. Insbesondere solle ein vorhandener Computer oder ein Laptop und der gesamte e-Mailverkehr kopiert werden. Als nach drei Tagen keine befriedigende Antwort bei Brinkmann eingegangen war, hakte er in Berlin nach, was aus seiner Bitte um Amtshilfe geworden sei. Er erhielt die Auskunft, dass Nemzow unter der Meldeadresse in Berlin nicht auffindbar gewesen sei. Er bewohne dort alleine eine kleine Wohnung – eine typische Singlewohnung eben. Brinkmann bat danach, in den nächsten Tagen zu unregelmässigen Tages- und Nachtzeiten erneut die Kontaktaufnahme zu versuchen. Das erwies sich jedoch als erfolglos.

Er teilte dieses Ergebnis der Nachforschungen seiner desillusionierten Kollegin Evelyn mit.

Für Evelyn stand fest, in dieser Angelegenheit würde sie nicht lockerlassen.

Sie verstand Brinkmanns Bedenken, dass er lediglich eines bloßen Verdachts wegen nicht das grobe Geschütz eines Haftbefehls auffahren wollte. Es lag immerhin kein berechtigter Tatverdacht, sondern nur ein lockeres Ermittlungsinteresse vor.

*****

Für Evelyn war nach nun klar, dass sie sich mit diesem mageren Ergebnis nicht zufriedengeben würde.

Sie war Ermittlerin mit genügend Erfahrung. Dieses Ergebnis reichte ihr nicht. Am Ende des nächsten Tages war für sie klar: sie würde persönlich nach Berlin fahren.

Als sie ihren Entschluss Brinkmann mitteilte, reagierte er, wie befürchtet, ablehnend. „Ich brauche dich hier," war sein lapidarer Kommentar zu ihrem Ansinnen.

„Dann werde ich meinen Resturlaub nehmen, wenn es sonst nicht geht. Diese Ermittlung ist mir so wichtig, dass ich die weitere Arbeit auf meine Kappe nehmen werde."

Mit diesem Kommentar verließ sie das Zimmer ihres kopfschüttelnd dasitzenden Vorgesetzten.

*****

Gerhard Müller hatte Mike, den Freund von Georg Petzold, vorgeladen. Der machte einen niedergeschlagenen Eindruck auf den jungen Ermittler. Kein Wunder, wenn sie eng befreundet waren, dachte der bei sich.

„Sehr geehrter Herr Molto", begann Gerhard das Gespräch." Wie ihnen nicht entgangen sein dürfte, machen wir uns Gedanken zum Tod ihres Freundes Petzold vor drei Tagen. In unseren Augen sind die Umstände des Todes nicht eindeutig geklärt, zumal nach Aussage ihrer gemeinsamen Freundin Sue Herr Petzold keinesfalls als besonders risikofreudig, sondern im Gegenteil, als sehr vorsichtig galt. Nun machen wir uns Gedanken über die genauen Umstände. Was hat ihrer Meinung nach zu diesem schrecklichen Ausgang der Kletterrunde geführt?

Welches ist Ihrer Meinung nach der Anlass des Unfalles."

„Über die Ursachen des Unfalles kann ich nur spekulieren. Mein Freund Georg war in keiner Weise risikoorientiert, wie Sue schon ausgesagt hat. Er war besonnen und ruhig, das stimmt. Es würde auch gefährlich sein, wenn jemand in einer Zweiergemeinschaft besonders riskante Operationen ausführen würde. Darüber hinaus haben wir auch eine umfangreiche Aufwärmübung dem Klettern vorausgeschickt."

„Hatte vor Beginn der Kletterei noch irgendeine dritte Person Zugang zu ihrer Kletterausrüstung?"

„Nein. Das Klettergeschirr bewahren wir immer in einem abgeschlossenen Blechspind auf. Die Trainingshalle war zu dieser Tageszeit außerdem noch nicht sehr stark besucht. Wir waren fast allein in der Halle."

„Noch eine Frage zum Ende dieser Befragung heute. Wie war der Gemütszustand ihres Freundes am Tage des Unfalles? War er eventuell schlechtgelaunt, in irgendeiner nennenswerten Erregung, eventuell auch am Vortag des Unfalles? Wie war er drauf? So würde man es wohl heute ausdrücken?"

„Mike war gut gelaunt wie immer. Da gibt es gar nichts außergewöhnliches zu berichten Tut mir leid, wenn ich ihnen da nicht weiterhelfen kann."

„Gut, und vielen Dank für ihre Auskunft. Auf Wiedersehen. Wir werden uns melden, falls noch weitere Fragen auftauchen."

Nach dieser unbefriedigenden Befragung wandte sich Gerhard Müller nach kurzer Zeit einem neuen Gedanken zu. Er griff nach dem Hörer seines Telefons und vereinbarte umgehend einen Termin mit dem Verwalter der Asservatenkammer.

*****

Dort bat er um die nach dem Unfall sichergestellten Überreste des Klettergeschirrs von Georg Petzold. Er stellte interessiert die Box mit den Utensilien vor sich auf einen großen, gut beleuchteten Tisch und begann seine Untersuchungen mit sämtlichen Schäkeln die beilagen. Einzeln und auf seine sorgfältige Art, prüfte er die einzelnen Befestigungselemente. Er fand keinerlei Beanstandungen. Sogar die Gewinde waren blank und wiesen nicht einmal die geringsten Rostspuren auf. Anschließend überprüfte er die Funktionsfähigkeit dieser wichtigen Teile einzeln und intensiv auf mögliche Beschädigungen oder Unregelmäßigkeiten. Er fand keinerlei Beanstandungen.

Nun wandte er sich den beiliegenden Karabinerhaken der unterschiedlichen Größen zu.

Nachdem er die einzelnen Befestigungselemente auf ihre Funktionsfähigkeit hin überprüft hatte, folgte als dritter Schritt die Prüfung der Seile und Leinen.

Sie waren alle jüngeren Alters bis hin zu eindeutig neuen Teilen. Sie wiesen Längen von fünf bis 50 Metern auf. Er prüfte jedes Seil auf Beschädigungen oder Abriebspuren. Bei einem der längsten Seile fand er einen Schaden. Etwa einen Meter vor dem Ende waren die vier inneren Seelen mit einem glatten Schnitt durchtrennt. Er schätzte, dass dieser Schnitte mit einem herkömmlichen

Teppich-Messer ausgeführt worden waren. Da nur die inneren Seelen durchtrennt waren, konnte man diese Beschädigungen äußerlich nicht erkennen. Das Seil musste jeder oberflächlichen Überprüfung standgehalten haben. Dass dieses beschädigte Seil einer plötzlichen, ruckhaften Belastung nicht standgehalten hatte, war ihm sofort, auch wenn eine solche Prüfung für ihn neu war, klar. Also war der Absturz des jungen Sportlers absichtlich herbeigeführt worden: Er schloss eindeutig auf einen vorsätzlich ausgeführten Sabotageakt!

Zufrieden räumte Gerhard Müller alle Teile der Ausrüstung wieder in die Box und legte das beschädigte Seil mit der gekennzeichneten Schnittstelle obenauf.

*****

Karl-Heinz Walter saß nachdenklich an seinem Schreibtisch. In seinen Gedanken gingen ihm wieder und wieder die Ausdrucke durch den Kopf, die nach den Angaben der ersten Zeugen, nach dem Überfall und der Messerattacke auf die junge Sue, angefertigt worden waren.

Die Abbilder der beiden Männer wiesen nur eine entfernte Ähnlichkeit auf. Die Augen unterschieden sich etwas – die angegebenen Körpermaße waren 175 und 185 cm. Beiden gemein war eine hohe, leicht fliehende Stirn. Unterschiede gab es auch in der angegebenen Haarfarbe. Sie variierte zwischen hellbraun und dunkelbraun. Er verglich mehrmals beide Darstellungen, dann legte er die Ausdrucke beiseite und wandte sich der Darstellung von Sue Kramer zu.

Wieder war eine hohe, fliegende Stirn zu sehen.

Die Haarfarbe war nur mit Braun angegeben. Walter versuchte aus den drei Ausdrucken auf seinem Schreibtisch einen einheitlichen, gemeinsamen Eindruck zu bekommen. Wie es mit Phantombildern derselben Person üblich war, unterschieden sie sich doch etwas, aber nicht erheblich. So suchte er besonders nach eindeutigen, nicht so leicht veränderbaren, direkt ins Auge fallenden Merkmalen wie Glatze, einer Tätowierung, Piercings, Ohrringen oder Ähnlichem. Aber nichts dergleichen fiel ihm auf.

Enttäuscht von den Misserfolgen seiner intensiven Bemühungen lehnte Karl-Heinz Walter sich in seinem Schreibtischstuhl zurück.

*****

Evelyn Pink war in Berlin. In der Straße am Steglitzer Kreisel suchte sie die Hausnummer 19 und parkte auf der dem Hause gegenüberliegenden Seite. Von dort hatte sie die Eingangstür des Hauses im Auge.

Evelyn ließ die letzten Tage noch einmal Revue passieren. Ihr direkter Vorgesetzter verweigerte ihr jede Hilfestellung bei ihren Nachforschungen in Berlin bezüglich ihres Hauptverdächtigen, Boris Nemzow. Er, Brinkmann, war der Meinung, dass ihre Ermittlungen in Berlin keineswegs ausreichten, um eine weitere Hilfeleistungen ihrer Berliner Kollegen anzufordern. Danach war sie entschlossen gewesen, auf eigene Faust nach Berlin zu fahren.

Jetzt saß sie da – und wartete. Als ein junges Mädchen den Hauseingang betrat und Evelyn ihr folgte, sah sie auf den Namensschildern, dass Boris Nemzow offenbar eine Wohnung im ersten Obergeschoss allein bewohnte. Sie setzte sich wieder in ihr Auto und griff nach ihrem Handy und meldete sich bei ihrem Kollegen Karl-Heinz Walter, der offenbar aus allen Wolken fiel, als sie ihm sagte, dass sie nun in Berlin sei und auf eigene Faust ermittele.

Sie stieg aus ihrem Auto und überquerte die Straße. Direkt hinter einer Frau mit eine Kind im Kinderwagen, schlüpfte sie in den Eingang des Hauses bevor sich die zufallende Haustür schloss. Sie sah sich interessiert um. Ihr Blick fiel gleich auf die Briefkastenanlage. Mit einem geübten Griff glitt ihre schmale Hand durch den Einwurfschlitz und förderte ein Bündel Briefe und Werbeprospekte heraus. Diese Beute steckte sie in Ihre Manteltasche und verließ das Haus wieder, als sie hörte, dass von oben zwei Personen sich nach unten herab bewegten. Sie ging über die Straße zurück und ließ sich zufrieden in ihren Sitz fallen. Was ihr direkt ins Auge fiel, war eine Mitteilung, die von einem Polizeirevier, adressiert an Boris Nemzow, zu einer Befragung für den nächsten Tag einlud. Sie dachte wieder nach. Ziel ihres Besuches in Berlin war, Boris Nemzow direkt zu befragen. So überwand sie ihre Bedenken und stieg wieder aus ihrem Auto. Als sie erneut vor dem Haus stand, holte sie tief Luft. Sie drückte die Klingel mit dem Namen Nemzow. Ein leises Summen signalisierte ihr, dass jemand zu Hause war. Sie drückte die Tür auf und betrat offiziell das Haus. Im ersten Obergeschoss stand sie vor einer offenen Tür. Hier also wohnte er!

*****

Interessiert musterte sie den Mann, der vor ihr stand. Sie verglich sein Aussehen mit den Kopien, die sie sich x-mal eingeprägt hatte.

Wenn es Ähnlichkeiten gab, waren sie nur marginal.

Sie stellte sich vor und hatte ihren gezückten Dienstausweis in ihrer linken Hand.

„Spreche ich mit Boris Nemzow?“ fragte sie ihn interessiert.

„Warum wollen Sie das wissen?“ antwortete er nickend.

„Nun, wir haben einige Fragen bezüglich Sue Kramer und andere.“

In ihm ging offenbar eine Veränderung vor.

Er starrte sie an – dann bewegte er sich blitzschnell vorwärts, direkt auf sie zu. Mit seiner rechten, geballten Faust schlug er auf sie ein. Der Treffer landete in ihrer Magengegend. Damit hatte sie nicht gerechnet und stolperte rückwärts Er eilte seitlich an ihr vorbei und erreichte die geöffnete Wohnungstür. Im Treppeneingang stürmte er rasant, mehrere Stufen auf einmal nehmend, treppabwärts. Das ging so schnell vor sich, dass ihr nur Zeit blieb, ihm seitlich auszuweichen. Sie rief mit heiserer Stimme hinter ihm her: „Polizei, bleiben sie stehen!“ Doch da fiel die Haustür schon scheppernd ins Schloss.

Als sie die Straße erreichte, sah sie ihn nur noch kurz

auf der gegenüberliegenden Straßenseite nach links abbiegen. Fußgänger versperrten hinter ihm seinen Fluchtweg. Eine direkte, unmittelbare Verfolgung war aussichtslos.

Er war vorerst entkommen.

Desillusioniert ging sie in die fremde Wohnung zurück. Sie sah sich oberflächlich um. Nichts von direktem Interesse.

Nur zwei auf einem kleinen Tisch abgestellte Laptops erregten ihr besonderes Aufmerksamkeit. Sie brachte sie hinaus in ihr Auto.

*****

„Hallo“, begrüßte sie ihren Chef am nächsten Vormittag in seinem Büro. „Bin wieder zurück.“ Sie erstattete detailliert Bericht über die Vorgänge in Berlin.

„Nun, dann werden wir ihren Freund umgehend zur Fahndung ausschreiben. Bin mal gespannt, was das bringt. Es war übrigens beachtlich, dass sie so eigenwillig waren, das auf sich zu nehmen. Vielen Dank!“

Nach drei Tagen erfolgte der Zugriff.

Boris Nemzow wollte um zwei Uhr morgens seine leere Wohnung betreten. Er bemerkte nicht die Polizisten, die ihn dort erwarteten.

Als sie seine Personalien überprüfen wollten, weigerte er sich.

Im darauffolgenden Schusswechsel wurde er getötet.

Wo ist Ben?

Er war verschwunden.

Er blieb verschwunden.

Gegen sieben Uhr wurde seine Mutter, Maria Berggrün, ungeduldig. Sie sagte zu Ben´s Vater, Erwin, als er von der Arbeit nach Hause kam, mit leiser Stimme: „Ben ist noch immer nicht zurück. So lange bleibt er nie weg! Es wird auch schon langsam dunkel. Kannst du dir vorstellen, wo er sein könnte? Ich werde jetzt langsam unruhig. Was sollen wir bloß machen? Ich habe schon bei Paul angerufen. Ich dachte mir: vielleicht ist er dort, weil er doch sein bester Freund ist. Aber Paul weiß auch nichts. Ob ich bei der Polizei anrufe? Oder in den Krankenhäusern? Irgendwo muss er ja sein. Was denkst du, Erwin?"

Ben`s Vater antwortete nach kurzem Nachdenken „Für die Polizei ist es noch viel zu früh. Ja, aber in den Krankenhäusern, da kann man es versuchen. Gib mir mal das Telefon."

Gemeinsam riefen sie in den Krankenhäusern an, die in der Nähe lagen. Jedesmal erhielten sie die Auskunft: Ein dreizehnjähriger Ben Berggrün ist hier unbekannt.

„Na jetzt wissen wir wenigstens, dass ihm nichts passiert ist" meinte sein Vater danach. „Aber wo könnten wir noch suchen?"

Er schnappte sich ein Bier und ging ins Wohnzimmer.

„Wenn er kommt, gibt es ein Donnerwetter, das sich

gewaschen hat“, rief er mit lauter Stimme von dort. Dann war er still. Doch nach zehn Minuten rief er noch einmal aus dem Wohnzimmer:

„Und Maria, du hast wirklich überall angerufen, bei allen, die in Frage kommen?“

„Ja, bei allen seinen Freunden, bei allen, die in Frage kommen“.

*****

Am nächsten Morgen, um neun Uhr, war der erste Brief da.

Er lag zwischen zwei Reklamesendungen. Maria Berggrün riss ihn auf – da war die Nachricht, vor der sie Angst hatte. Die sie nicht bekommen wollte, die aber ihre Ungewissheiten beendete.

Immerhin Gewissheit – eine schlimme Gewissheit zwar, aber die Ungewissheit hatte ein vorläufiges Ende gefunden.

Sie nahm das Telefon und wählte die Nummer ihres Mannes.

Er meldete sich mit „Berggrün“.

Sie antwortete: „Erwin, Es ist ein Brief da. Wie ich befürchtet hatte.

Ein Erpresserbrief. Ohne Absender!“

Er antwortete: „Lies vor. Was steht drin?“

Sie sprach sehr aufgeregt: „Da steht: Wir haben ihren Sohn. Wir wollen 100‘000 Euro. Ihrem Sohn geht es gut. Keine Polizei. Willy.“

„Ich komme sofort nach Hause. Mache nichts, bevor ich da bin.“

Er stürmte in das Zimmer von Walter Wallmann, dem zweiten Mitprokuristen. „Ich muss nach Hause, mein Sohn..."

Keine Antwort.

Die Tür fiel zu. Er hastete zum Ausgang, ließ sich in seinen Wagen fallen, und betrat zehn Minuten später seine offenstehende Wohnungstür.

Zu seiner Frau, die ihn erwartete, sagte er in gereiztem Tonfall: „Der Brief, wo ist der Brief? Zeig ihn mir."

Er setzte sich an den Küchentisch und starrte die Notiz an.

Als er den Brief zweimal gelesen hatte, legte er die Nachricht beiseite und sagte zu seiner Frau: „Wir sollten die Polizei anrufen, Maria."

Eine Stunde später betraten zwei Polizisten die Wohnung.

Sie stellten sich vor als Kommissar Neuhaus und Kommissar Mann. Herr Neuhaus begann mit der Befragung, nachdem die Polizisten den Brief, ohne Erfolg auf Fingerabdrücke, untersucht hatten.

„Herr Berggrün, seit wann vermissen sie Ihren Sohn?"

„Nun", antwortete er, „ich kam gestern Abend um neunzehn Uhr nach Hause. Da war er noch nicht da."

„Bleibt er manchmal länger weg, Frau Berggrün?" fragte Herr Neuhaus." Erzählen Sie uns Näheres, über seine Gewohnheiten, Hobbys und Vorlieben. Hat er eine Freundin?"

„Wo denken Sie hin, Herr Kommissar. Er bleibt nie länger weg als bis achtzehn Uhr. Er ist erst dreizehn Jahre alt. Das mit einem Mädchen wüsste ich. Seine Liebe galt seinem Meerschweinchen. Das ist seltsamerweise auch verschwunden."

Der zweite Polizist, Herr Mann, hatte sich die ganze Zeit über Notizen gemacht. Jetzt sah er Frau Berggrün interessiert an und nickte ihr zu.

„Hat ihr Sohn dieses Meerschweinchen oft mitgenommen?"

„Nein, nicht dass ich wüsste, aber jetzt ist es auch weg."

Der erste Polizist, Herr Neuhaus, sah seinen Kollegen ärgerlich an.

„Lassen wir das. Nochmal die Frage, Frau Berggrün: Hatte ihr Sohn nicht doch vielleicht irgendwelche Hobbys. Die gleiche Frage an sie, Herr Berggrün. Sind ihnen nicht doch irgendwelche Vorlieben an ihrem Sohn aufgefallen?"

„Nein, aber wenn, dann müsste mein Frau das wissen. Sie war für seine Erziehung zuständig. Ich habe zu wenig Zeit. Die Arbeit. ja die Arbeit."

„Jetzt was anderes", fragte Herr Neuhaus, „Wie sehen ihre finanziellen Verhältnisse aus? Wären sie in der Lage, die verlangten 100'000 Euro zu bezahlen? Das heisst nicht, dass wir Ihnen dazu raten würden, das Geld zu zahlen – wir wollen uns lediglich einen Überblick über Ihre finanziellen Verhältnisse verschaffen."

Herr Bergrün antwortete, auf seine Frau blickend: „Ja, das wäre möglich. Ich bin Prokurist in unserer Firma, Schmelz und Partner, und das schon seit fünf Jahren."

Herr Neuhaus fragte Frau Berggrün: „Nun was anderes. Zu dem Erpresserschreiben. Haben sie immer den selben Briefträger, oder wechselte er gelegentlich.

Sie antwortete zögernd „Genau weiß ich das nicht, aber mir ist bei uns noch kein fremder Briefträger aufgefallen. Ich denke, er ist immer derselbe".

Die Befragung zog sich noch weit über eine Stunde hin.

Dann sagte Herr Neuhaus zu dem verzweifelten Ehepaar: „So, wir werden nun einige Kollegen herrufen. Sie werden eine Fangschaltung an ihrem Telefon anbringen, für den Fall, dass die Entführer ihres Sohnes sich telefonisch melden. Auf jeden Fall heißt es, sie müssen sich mit Geduld wappnen, bis sie neue Anweisungen der Entführer erhalten."

Am folgenden Vormittag kam schon der nächste Brief an, wieder ohne verwertbare Fingerabdrücke. Es hieß lapidar. „Haben sie das Geld besorgt? Halten sie es bereit, bis wir uns wieder bei ihnen melden. Antworten sie über eine Kleinanzeige im „Berliner Boten." Willy"

Herr Neuhaus nahm den Brief an sich, nachdem auch das Ehepaar Berggrün ihn gelesen hatte. Er betrachtete genau den Eingangsstempel und sagte dann: „Interessant: Aufgegeben in der Hauptpost Berlin. Die Nachricht gestern wurde dagegen am Bahnhof Zoo aufgegeben."

„Und Herr Neuhaus" sagte Herr Berggrün,"was machen wir jetzt? Sollen wir eine Zeitungsanzeige im „Berliner Boten" aufgeben? Wir sind unsicher. Wie sollen wir uns verhalten. Das ist das erste Mal, dass wir Opfer einer Entführung..."

Herr Neuhaus fiel ihm ins Wort: „Schreiben sie in die Kleinanzeige: Das Geld ist da. Wir brauchen allerdings sofort ein Lebenszeichen von Ben. Erwin und Maria."

Zwei Tage lang geschah nichts.

Am dritten Tag kam wieder ein Brief an, ebenfalls ohne verwertbare Fingerabdrücke. Diesmal war er in der Wilmersdorfer Straße aufgegeben, Er enthielt eine CD und eine kurze Notiz. Als Familie Berggrün die CD abspielte, sahen sie eine Aufnahme, die ihren Sohn mit einer aktuellen Ausgabe des „Berliner Boten" in der Hand zeigte. Mit schwacher Stimme sagte er dazu: "Liebe Mama, lieber Papa, es geht mir gut. Die Verpflegung ist ausreichend. Ich will nach Hause. Auf Wiedersehen."

Damit endete die Nachricht.

Auf der beiliegenden, handgeschriebenen Notiz hieß es: „Geldübergabe erfolgt am Bahnhof Zoo vor dem Schließfach 31. Keine Polizei!! Nur kleine, unsortierte Geldscheine ohne durchlaufende Nummerierung Zur Geldübergabe um zwölf Uhr benutzen sie eine hellbraune Ledertasche. Bei erfolgreicher Geldübergabe wird ihr Sohn umgehend freigelassen. Willy"

*****

Am nächsten Tag gegen 11 Uhr 30 kam Erwin Berggrün am Schließfach Nr. 31 im Bahnhof Zoo an. In seiner Rechten trug er, wie gewünscht, eine braune Ledertasche. In ihr befanden sich 100'000 € in kleinen Scheinen.

Er sah sich um. In der Nähe der Schließfachbatterie, die auch das Schließfach 31 enthielt, verlangsamte er seine Schritte. Er sah fünf Leute, die sich an den Schließfächern zu schaffen machten. Aber niemand, der sich hier aufhielt, zog seine Blicke auf sich. Ganz normale Reisende, die ihre Schließfächer öffneten oder schlossen.

Sonst fiel ihm nichts auf. Vor allem sah er keine Polizisten in Zivil, die nach Aussage des Kommissars Neuhaus die Schließfächer überwachen sollten. Um dreizehn Uhr beschloss Herr Berggrün, wieder nach hause zu fahren. „Fehlgeschlagen“, war der Gedanke, der ihm nicht aus dem Kopf ging, als er seine Wohnung betrat.

*****

Dort traf er auf Kommissar Naumann, der sich mit seinen seiner Kollegen im Wohnzimmer aufhielt. Der Polizist begrüßte ihn.

„Wir hatten mit acht Kollegen am angekündigten Übergabeort am Bahnhof Zoo Posten bezogen. Wir waren bereit, den oder die Erpresser fest zu nehmen, wenn sie erschienen wären. Dass es dazu nicht gekommen ist, brauchen wir ihnen nicht zu erzählen. Unsere Leute waren gut getarnt, und nicht als Polizisten zu erkennen. Sie haben sie auch nicht erkannt. Was denken sie? Haben sie irgendeine Idee, warum es nicht zur Übergabe kam? Wir sind auf jeden Fall ratlos. Es bleibt uns nur übrig, zu warten, ob die Entführer Ben wieder freilassen, oder einen neuen Termin zur Geldübergabe bestimmen.“

*****

Frau Berrgrün jammerte leise:“ Und was ist, wenn die Entführer unserem Sohn etwas antun.? Wenn sie ihn umbringen?“

Keiner der anwesenden Polizisten antwortete.

Herr Berggrün dagegen umarmte seine Frau tröstend „Es kann alles Mögliche passiert sein. Vielleicht ist der Erpresser mit der Straßenbahn oder einem Omnibus gekommen, und es hat einen Unfall gegeben. Oder sonst etwas ist passiert, was sie vom Erscheinen abgehalten hat. Man weiß es nicht. Wir müssen abwarten."

„Ja, abzuwarten, das ist das Einzige, was wir tun können. Die Erpresser werden sich wieder melden, oder..." Der Polizist verstummte.

*****

Frau und Herr Berggrün hingen ihren Gedanken nach. Sie fanden keinen Trost. Nur warten, warten.

„Und wenn die Erpresser sich nicht mehr melden?"

Herr Berggrün sprach seine Gedanken aus. „Was machen wir dann? Sollen wir unseren Sohn vergessen? Das geht nicht, das wissen sie so gut wie wir."

Herr Neuhaus fiel ihm ins Wort. „Herr Berggrün, das gab es noch nie, dass sich die Erpresser nicht mehr gemeldet haben. Wir müssen, wie gesagt, abwarten, was die Erpresser als nächstes tun. Glauben Sie uns!"

*****

Am nächsten Vormittag brachte der Briefbote einen neuen Brief.

Er lautete: „Wir haben ausdrücklich verlangt, dass sie die Polizei aus dem Spiel lassen sollen. Warum haben sie sich nicht darangehalten?

Unsere Geduld ist nicht unerschöpflich. Wenn sie ihren Sohn wiedersehen wollen, halten sie sich an unsere Anweisungen. Noch einmal: K e i n e P o l i z e i !!! Sonst sehen wir schwarz für Ihren Sohn. Das heißt, sie werden ihn nie mehr wiedersehen."

Ein leiser, unterdrückter Schrei entfuhr der Stimme von Frau Berggrün." Da haben wir es. Die Entführer haben die Polizisten bemerkt, als sie zur Geldübergabe kamen."

Die Nachricht ging weiter." Wir kommen wieder zum Schließfach 31, morgen Mittag um zwölf Uhr. Wir warnen sie noch einmal. Wenn wir wieder Polizei sehen, brechen wir den Kontakt umgehend ab. Sie sind hiermit ausdrücklich gewarnt. Lassen sie die Polizei aus dem Spiel. Wir spaßen nicht!"

Herr Naumann wandte sich an seine Kollegen.

„Dann werden wir die Überwachung der Schließfachanlage nicht wiederholen. Wir postieren unsere Leute in größerem Abstand von den Schließfächern und werden uns auch schon früh am Morgen positionieren. Und Herr Berggrün", Neuhaus sah Herrn Berggrün direkt an. „Also Herr Berggrün wird ein Sprechfunkgerät, verborgen in seiner Jacke tragen. Er wird uns informieren, wenn die Geldübergabe geklappt hat. Dann werden wir wissen, wen wir zu verfolgen haben. Wir werden den oder die Erpresser mit der Geldtasche bis zu seinem oder ihrem Loch verfolgen, wo Ben gefangen gehalten wird."

Er schaute prüfend seine Kollegen an. Als keiner widersprach, meinte er:

„So, es ist schon spät. Lasst uns jetzt gehen. Wir haben

noch Einiges vorzubereiten Wir werden morgen viel zu tun haben. Auf Wiedersehen, bis Morgen dann.“

*****

Später, am selben Tag machte Herr Neuhaus einen Kontrollbesuch am Bahnhof Zoo. Um sicher zu stellen, dass das Überwachungssystem der Schließfachanlage ordnungsgemäß arbeitete, kontrollierte Herr er die dort angebrachte Kamera auf einwandfreien Betrieb.

Danach verließ er den Kontrollraum mit einem guten Gefühl. Er wollte ganz sicher sein, dass die Kameras und Monitore am nächsten Tag zuverlässig ihren Dienst taten.

*****

Am nächsten Tag betrat Herr Neuhaus wieder den Kontrollraum. Seine Leute und andere, zur Verstärkung eingesetzten Überwachungsteams waren bereit, nach der erfolgten Geldübergabe in Aktion zu treten. Er wartete auf den Ablauf der bald erfolgenden Geldübergabe.

Um 11 Uhr 40 erschien ein sichtbar nervöser Herr Berggrün auf dem Monitor, der die verschiedenen Schließfächer mit dem Fach Nr. 31 präzise zeigte. Außer Herrn Berggrün war niemand zu sehen. Wenige Minuten später näherte sich ihm ein etwa sechzehn Jahre alter Jugendlicher. Er ging auf Herrn Berggrün zu, und flüsterte ihm etwas ins Ohr. Daraufhin stellte Berggrün die braune Ledertasche zwischen die Beine des jungen Mannes, der sie öffnete und mit der rechten Hand darin kramte. Offenbar zufrieden mit der Überprüfung. ergriff der Bursche die Ledertasche und machte Anstalten, den Übergabeort zu verlassen.

„Das war der Erpresser, bleiben sie dran?“ fragte Berggrün in sein Mikrofon. Der zugehörige Kopfhörer antwortete: „Wir haben seine Spur aufgenommen. Sie können jetzt nach Hause fahren, Herr Berggrün. Bis später.“

*****

Als Herr Berggrün nach Hause kam, herrschte ein bedrückendes Schweigen.

Herr Neuhaus beendete die Stille, die in der Wohnung herrschte.

„Herr Berggrün, irgend etwas ist schief gelaufen. Meine Leute haben den Erpresser überwacht. Nachdem er die Geldtasche von ihnen in Empfang genommen hatte, ist er zum WC gegangen. Unsere Leute warteten dort, wo sie die Eingangstür des WC‘s überwachen konnten. Als nach zehn Minuten nichts geschehen war, und der Entführer das WC nicht verlassen hatte, betraten sie vorsichtig die Toilettenanlage durch die Eingangstür. Als sie dort niemanden antrafen, durchkämmte sie systematisch die Bedürfnisanstalt. Was sie fanden, war die leere Geldtasche die unter einem geöffneten Oberlicht stand. Der Entführer hatte die Scheine umgepackt und dann durch das Oberlicht, das normalerweise verschlossen ist, das WC verlassen. Als die Polizisten die anwesende Toilettenfrau befragten, erhielte sie die Auskunft, dass das Oberlicht normalerweise verschlossen sei, aber am Griff problemlos zu öffnen wäre. Von dort aus gebe es einen direkten Weg durch das Außengelände zur nächsten Strasse. Diesen Ausgang muss unser Entführer genommen haben. Jetzt ist der Entführer mitsamt dem Geld verschwunden."

„Und was ist mit meinem Sohn Ben geschehen, oh Gott, wo ist er geblieben?" Frau Berrgrün hatte Tränen in den Augen, als sie diese Frage an Herrn Neuhaus und die anwesenden Polizisten richtete.

„Frau Berggrün, machen sie sich nicht allzu viele Sorgen." Die Antwort kam von Herrn Mann: „Die Entführer haben das Geld. Die Geldübergabe hat stattgefunden, ohne dass die Erpresser die Polizisten bemerkt haben. Unsere Kollegen leiten jetzt, in diesem Moment, eine verdeckte Fahndung in Berlin und der Umgebung ein. Wenn die Übergabe ihres Jungen mit Erfolg abgeschlossen sein wird, erfolgt der Zugriff auf die Erpresser. Es heißt nun für Sie, die Ruhe zu bewahren, bis ihr Sohn Ben freigelassen wird. Wir wollen ihren Jungen nicht gefährden Wir rechnen stündlich mit seiner Freilassung. Also fassen sie sich in Geduld."

Herr Berggrün legte tröstend seinen Arm um die Schultern seiner Frau. Er sagte beruhigend, auf Herrn Mann blickend, zu ihr: „Ich denke auch, dass Herr Mann recht hat. Wir müssen abwarten, wie er gesagt hat. Über kurz oder lang wird Ben hier auftauchen, oder irgendwo aufgegriffen werden. Dann wird diese schreckliche Angelegenheit beendet sein. Für uns alle, glaube mir!"

*****

Der Tag verging, ohne dass Ben wieder auftauchte. Frau Berggrün saß am Wohnzimmertisch und wurde immer wieder von Sorgen überwältigt. Der Schmerz der verzweifelten Mutter berührte die anwesenden Polizisten sehr, aber sie konnten im Augenblick nichts mehr tun. Die eingeleitete Großfahndung verlief ergebnislos. Herr Neuhaus hatte genügend Kopien von den Bildern der Überwachungskamera anfertigen lassen, und dafür gesorgt, dass Kopien an alle Polizisten in Berlin und Umgebung verteilt wurden.

*****

Am nächsten Tag spitzte sich die Lage zu. Ein Streifenpolizist meldete der Einsatzzentrale, dass er den Gesuchten um dreizehn Uhr in der Nähe des verlassenen Flugfeldes des Flughafens Tempelhof gesehen habe. Die gesuchte Person sei offenbar in großer Eile zu einem alten, verlassenen Haus gegangen und sei dort in einem der oberen Stockwerke verschwunden. Als die Polizisten Neuhaus und Mann die verlassenen Etagen dieses alten Hauses näher in Augenschein nahmen, entdeckten sie neben siebzehn unverschlossenen Türen eine Wohnungstür, die provisorisch verschlossen war. Mit Hilfe einer Ramme, die von einem zur Verstärkung herbeigerufenen SEK-Team zum Einsatz gebracht wurde, wurde diese Tür gewaltsam geöffnet. Die beiden Polizisten Neuhaus und Mann betraten, nachdem vorher das anwesende SEK-Team diese Wohnung als unbewohnt gemeldet hatte, die Wohnung zur näherer Überprüfung. Als erstes entdecken sie in einem ehemals als Küche genutzten Raum ein Meerschweinchen, das gut genährt in einem Pappkarton herumknabberte. Als nächstes entdeckten sie die Überreste einer vor nicht allzu langer Zeit zum großen Teil gegessenen Mahlzeit. Zum Schlafen war offenbar in einem angrenzenden Raum ein Matratzenlager hergerichtet und benutzt worden. In einer Ecke fanden sie zwei unterschiedlich große Trainingsjacken, die benutzt waren.

„Das verstehe wer will. Offenbar haben die Entführer zusammen mit dem Entführten diese Unterkunft verlassen,“ meinte Herr Neuhaus zu dem ebenfalls vor diesem Rätsel kapitulierenden Herrn Mann.

„Also: je länger ich nachdenke, desto wahrscheinlicher sind die Entführer zusammen mit dem Entführten aus diesem Loch verschwunden, und wenn wir Glück haben, bereiten sie gerade in diesem Moment die Übergabe des Jungen vor. Wir sollten auf jeden Fall einen oder noch besser zwei Polizisten als Stallwache hier zurücklassen, für den Fall, dass die Entführer hierher zurückkommen. Man weiß nie, was in solchen Köpfen vor sich geht.“

„Dann bin ich dafür, dass wir, sobald unsere Ablösung da ist, uns wieder zu den Berggrüns auf den Weg machen“ antwortete Herr Neuhaus, der inzwischen an das große Fenster getreten war und die unten vorbeiführende Straße beobachtete.

Er legte die zurückgelassenen Trainingsjacken zu einem handlichen Bündel zusammen.“ Das Tier mitsamt dem Karton kannst du mitnehmen. Ich werde unsere Streifenpolizisten anweisen, nicht mit einem offen erkennbaren Streifenwagen hier aufzukreuzen. Falls die

Entführer zurückkommen, macht es sich nicht gut."

Die zwei Polizisten warteten eine halbe Stunde, bis die zusätzlichen Streifenpolizisten ihren Überwachungsraum bezogen hatten. Dann machten sich Neuhaus und Mann auf den Weg zurück zur Wohnung der Familie Berggrün.

*****

Als die beiden Polizisten die Wohnung der Familie Berggrün betreten hatten, wurden sie mit einem Bündel an Vorwürfen des Ehepaares überhäuft. „Wo ist mein Kleiner geblieben, wo ist Ben?" schrie Frau Berggrün die beiden Polizeibeamten an. Sie zitterte am ganzen Leib. Als Herr Mann das Meerschweinchen in seinem Karton auf einen Tisch stellte, brach Frau Berggrün zusammen. Sie erkannte das kleine Tier als das ihres Sohnes. Als Herr Neuhaus dann zusätzlich die beiden Trainingsjacken auspackte, und um eine Identifizierung der Kleidungsstücke bat, war auch Herr Berggrün einem Zusammenbruch nahe. Frau Berggrün erkannte sofort die kleinere der Trainingsjacken als diejenige ihres Sohnes. „Wir können nicht mehr warten. Ich weiß nicht mehr, was wir noch unternehmen sollen. Wir sind auf alle Bedingungen der Erpresser eingegangen," fügte Herr Berggrün bestätigend hinzu, wir sind am Ende. Verstehen sie uns. Wir wissen nicht mehr weiter. Wir können nicht mehr."

„Wir sind ähnlich ratlos, wie sie. Wir können sie verstehen, voll und ganz. Aber es ist nicht richtig, dass sie uns beschimpfen. Alles, was ich sagen kann, ist, wir müssen warten. Wir können versuchen, die Fahndung weiter zu intensivieren, obwohl ich auch einen Teil meiner Hoffnungen verloren habe. Ich muss sie bitten, uns nicht weiterhin mit Vorwürfen zu überschütten. Und beachten sie bitte: wir haben ihren Sohn nicht entführt.“ Herr Neuhaus sagte dies mit einem scharfen Ton in der Stimme, den er wahrscheinlich nicht beabsichtigt hatte. „Aber Vorwürfe helfen uns nicht weiter. Wir werden die Fahndung ausdehnen, soweit es uns möglich ist. Und bedenken sie: unsere Fahndungsmöglichkeiten sind begrenzt. Alles, was wir tun können, tun wir schon. So muss ich Sie bitten: Bringen sie noch mehr Geduld auf, mehr als bis jetzt.“

„Wir wissen, dass es ihnen schwerfallen muss.“ Herr Mann sprang seinem Kollegen bei. „Ich habe selbst zwei Kinder. Und ich weiß nicht, was ich machen würde, falls ihnen ähnliches zustieße. Aber ich weiß genauso wie mein Kollege: Wir müssen Geduld, noch mehr Geduld aufbringen.“

*****

„Jetzt reicht es mir. Wir werden an die Öffentlichkeit gehen. Wir wenden uns an Zeitungen, Rundfunk und Fernsehen. Ich habe mit unseren Vorgesetzten geredet, und grünes Licht für die weiteren Schritte erhalten.“ Neuhaus richtete die überraschende Mitteilung an seinen Kollegen Mann und das Ehepaar Berggrün, das schweigsam am Küchentisch saß.“ Bin gespannt, ob das uns weiterhilft. Irgendwie müssen die Entführer doch zu fassen sein.“

Mehrere Stunden verbrachten die Berggrüns anschliessend mit Interviews, die sie der Berliner Boulevardpresse, den Regionalprogrammen sowohl auch mehreren überregionalen Fernsehstationen gaben. In dringenden Aufrufen baten sie um Schonung für ihren Sohn Ben – sie appellierten ebenfalls an das Mitleid der Entführer. Diese Interviews bewirkten eine wahre Flut von Beobachtungen und Meldungen von Mitbürgern, welche angaben, die Entführer gesehen zu haben, beziehungsweise diese zu kennen.

*****

Es verging der restliche Tag. Dann erreichte die Wartenden eine erste, ernst zu nehmende Meldung von einem jungen Streifenpolizisten. Sie betraf die Festnahme einer siebzehn jährigen Jugendlichen namens Willy. Bei einer ersten Vernehmung im Polizeipräsidium gab Willy an, er habe Ben Berggrün am Bahnhof Zoo zurückgelassen. Ben sei gesund und munter gewesen. Ein Bundespolizist, der dort Dienst tat, nahm den jungen Ben dann in Gewahrsam. Man brachte den Jungen ins Polizeipräsidium und übergab den dreizehnjährigen seinen überglücklichen Eltern. Schon auf dem Weg nach Hause überkam den Jungen die Reue. Er brach in bittere Tränen aus.

Als in der elterlichen Wohnung die Herren Neuhaus und Mann die Befragung fortsetzten, sprudelten die Worte aus Ben heraus.

Zusammen mit Willy, der eine höhere Schulklasse besuchte, sei man übereingekommen, Berlin zu verlassen. Man habe beschlossen, von Ben´s Eltern 100‘000 Euro zu erpressen. Mit diesem Geld habe man Flugtickets nach Mallorca kaufen wollen. Am Ticketschalter habe sich aber herausgestellt, dass das Geld rot eingefärbt und damit unbrauchbar war. Diese rote Farbe hatte sich erst einen Tag nach dem Termin der erfolgreichen Geldübergabe gezeigt. Daraufhin wäre man wieder zum Bahnhof Zoo gegangen und hätte – und ohne Erfolg – versucht, die verfärbten Geldscheine zum Wechselkurs von eins zu zehn gegen nicht verfärbte Geldscheine einzutauschen.

„Warum nur, mein Junge, hast du das gemacht? Konntest du dir nicht denken, was dein Vater und ich durchgemacht haben?“ fragte Frau Berggrün ihren Jungen.

„Wir wollten ja bald zurückkommen“ antwortete Ben Bergrün auf die Vorhaltungen seiner Mutter, „vielleicht hättest du dann ja mehr Zeit für mich gehabt. Du gehst dauernd zum Friseur und hast nie genug Zeit, dich um mich zu kümmern. Und Papa geht jeden Tag zur Arbeit. Wenn er dann mal Zeit hat, muss er Fernsehen schauen – Für mich hat er auch nie Zeit. Und Willy geht es mit seinen Eltern genauso. Sie haben auch nie Zeit mit ihrem Sohn.“

Der Nuller II

Unrast im Seniorenheim

Gerhard Frings lehnte sich zurück. Er genoss die ruhevolle Wärme des gemütlichen Eifelnachmittags in seiner bequemen hölzernen Liege. Alle Hektik war weit weg. Ja, früher war immer wieder Hektik ausgebrochen, vor allem wenn sonntags auf dem etwa zwanzig Kilometer vom Heim entfernten Nürburgring noch die Gran Prix Rennen stattfanden, mit Michael Schuhmacher als Superstar, der immer wieder seine Mitkonkurrenten in ihre Schranken verwies. Ihn hatte er selbst ein wenig verehrt. Aber das war heute alles Schnee von gestern, seit Schumi seinen tragischen Skiunfall erlitt und keinerlei Grand Prix Rennen mehr stattfanden. Die genauen Gründe für die Schließung der Rennstrecke hatte er vergessen, nur stand für ihn jetzt fest, dass der große Trubel jetzt für immer vorbei war. Dass eine veritable Regierungskrise, die mit dem sang- und klanglosen Rücktritt des amtierenden Ministerpräsidenten Beck endete, und der Wahl der Ministerpräsidentin Kraft endete, kam ihm noch schemenhaft in die Erinnerung... Dass er als ein Insasse seines Gerolsteiner Heimes von der Hektik trotzdem immer wieder berührt war, genoss er jetzt um so mehr die Ruhe, die sich um ihn herum breit gemacht machte.

Es geht wieder los titelte die Samstagsausgabe des Gerolsteiner Volksfreund. Die Gerolsteiner Lokalzeitung berichtete auf der ersten und letzten Seite ausführlich über die neuesten Meldungen bezüglich der Wiedereröffnung der Rennstrecke. Nein, damit waren nicht die sporadisch findenden Volksbelustigungen wie die Monster Truck Rennen, wie die AVD Oldtimer Gran Prix oder die Touristen-Fahrten über die Nordschleife gemeint. Nein es sollten wieder echte Grand Prix Rennen veranstaltet werden. Es sei daher geplant, die verlustträchtigen Hockenheim Rennen einzustellen. Es wurde gemunkelt, dass ein von einem gewissen Geschäftsführer Si Mia vertretener nicht genannter Chinesischer Großinvestor bereit sei, mit einer Investition von sage und schreibe 500 Millionen Euro den altehrwürdigen Nürburgring wieder zu alter Größe zu erwecken Diese Nachricht schlug wie eine Bombe in der beschaulich, verträumte Eifelgegend ein. So auch in der Ortschaft Gerolstein mitsamt seinem Maternus Seniorenheim. Dort genoss nun Gerhard Frings seine Ruhe und seine Freiheit, die er mit seiner Einstufung in Pflegestufe Null erreicht hatte. Diese offizielle Einstufung erkannte an, dass Frings seine persönlichen Grundbedürfnisse selbst erledigen konnte, und auch aktiv am gesellschaftlichen Leben teilnehmen konnte.

Ein Teil seiner Teilhabe am gesellschaftlichen Leben war der Internetanschluss, der nur eine geringe Monatsgebühr kostete. Über diesen wickelte Gerhard Frings, der sich manchmal auch selbst als Nuller bezeichnete, seine Korrespondenz ab, die langsam und zu seinen Bedauern immer weniger wurde. Aber dieser Internetanschluss war seine Verbindung zur Außenwelt. Das unterschied ihn von allen anderen Heiminsassen, für die die Hauptabwechselung in der Unterhaltung über das zugegebenermaßen recht ordentliche und reichliche Essen darstellte.

Diese Internetkompetenz war ihm hoch und heilig. Sonst verfügten darüber, neben der Heimverwaltung, lediglich manche der Pflegekräfte und die beiden Hausmeister, heute eher schmeichelhaft Haustechniker genannt.

An einem dieser Tage, als Gerhard wieder seine e-Mails checkte, fiel sein Blick auf eine neue Mail. Der Absender war ihm unbekannt. Er buchstabierte halblaut, was da als Absender stand. Die Mail kam von einem Absender namens sms.cn. Sogleich fielen ihm wieder die dreizehn Monate ein, die er in China als Übersetzer von Gebrauchsanweisungen mehr oder weniger erfolgreich zugebracht hatte. Die weltweite Wirtschaftskrise hatte bewirkt, dass seine Auftraggeber die Honorare für selbstständige Übersetzer immer mehr kürzten. Damals waren ihm Spam-Mails zum ersten Mal in großer Anzahl aufgefallen. Er erinnerte sich, dass man diese Art von Mails auf keinen Fall öffnen sollte. Sehr oft enthielten sie Trojaner, die jeden Rechner zum Absturz bringen konnten, auch wenn sie großartige Werbung enthalten sollten. Er schickte diese Mail in Quarantäne, um jegliches Unheil zu vermeiden. Doch Sekunden später tauchte dieselbe Mail wieder auf.

Er sah sie sich nochmals an. Aber er kannte niemanden, mit dem er den Absender in Verbindung bringen konnte. Also noch einmal: sms.cn. Er versuchte sein

Glück nicht mehr über seinen konventionellen Browser, sondern loggte sich direkt bei dem Thor-Browser ein. Er war gespannt, was sich nun tun würde.
Er war nun auf einer Webseite von Sia Mia, die nur so strotzte von Bauanleitungen für eine Boxengasse, von Fahrerlager und Techniklabors. All diese neu zu erstellenden Bauwerke waren gespickt, an allen möglichen und unmöglichen Stellen, mit schwer auszumachenden Minikameras, Mikrofonen und Sensoren. Aber was sollten all diese technischen Ausrüstungen. Er dachte lange nach, verwarf die Gedanken wieder, und begann mit neuen Möglichkeiten.

Allmählich konzentrierten sich seine Gedanken auf ein Objekt. Alles kam, wenn fertiggestellt, nur auf ein Ergebnis raus. Alles diente dem Zweck der Industriespionage in großem Stil.

Jetzt stellte sich die Frage, wem nutzte der ganze Aufwand, der hier betrieben wurde. Eine Antwort war klar erkennbar. Es waren die chinesischen Investoren, die mit hohen Summen hier einsteigen würden, und vielleicht auch vor illegalen Taten nicht zurückschrecken würden.

Und dann kam es. Er schlief wieder leicht und trotzdem ausgiebig.

Gerhard Frings war nun in diesem, sehr intensiven Traum auf dem Heimweg von seinem Morgenspaziergang. Er freute sich über die Fauna, die kurz vor dem Erwachen stand. Da raschelte es im Gebüsch und dann war ein leises Zischen zu hören. Er stolperte leicht nach vorne. Ein Taschentuch, anscheinend mit einer giftigen Flüssigkeit getränkt, verfehlte nur um Zentimeter seinen Kopf. Sofortige Untersuchungen erfolgten in einem Krankenhaus für Tropenmedizin und hatten die Diagnose von VX ergeben. Tropfen dieses Giftes hatten ihn im Gesicht getroffen und dort zu schlimmen Verätzungen geführt. Erschrocken war er nochmals zu Boden gestolpert. Er hatte kürzlich in einer kleinen Zeitungsmeldung gelesen, dass der Halbbruder des Nordkoreanischen Diktators , Kim Yong Un durch eine Berührung mit diesem Nervengift VK in Malaysia zu Tode gekommen war.

Da wurde ihm plötzlich klar. Die Chinesen hatten ihn im Visier. Das stand fest. Und wenn die chinesischen Vasallen in Nordkorea über dieses Nervengift verfügten, warum sollten die Chinesen selbst nicht auch dieses Gift einsetzen. Sein Tod würde ihnen freie Hand bieten. Die Chinesen, sie hatten nun Zugriff auf alle künftigen Entwicklungen, so sie hier Erfolg hätten.

Gerhard Frings hatte nun nur sein Wissen und seinen Verdacht, aber was tun damit? Er wachte wieder auf. Er konnte sich nicht entscheiden. Traum oder Wirklichkeit. Zur Polizei gehen, und seinen Verdacht und all‘ sein Wissen preisgeben?

Er grübelte lange über diese und ähnliche Fragen nach. Am besten wäre es, einen ihm vertrauten Menschen damit zu betrauen. Jemanden, zu dem er Vertrauen hätte.

Da schweiften seine Gedanken zurück zu Julia, Julia, die er als Abiturientin kennengelernt hatte und deren Vater in den Elternsprechstunden ihm ab und zu als Polizist beim MAD aufgefallen war. Wie hießen die beiden noch einmal: Seibert, nein Seiler, ja Seiler. Das war der Name. Sonst fiel ihm niemand mehr ein, der bei der Polizei tätig war.

In einem alten Notizbuch fand er die Telefonnummer. Er wählte sie. In zwei Tagen würde dieser Anton Seiler wieder da sein – er war auf einer Dienstreise und zur Zeit nicht erreichbar. Gerhard hinterließ seine Nummer mit der Bitte um Rückruf.

Nach zwei Tagen hatte ihn Gerhard am Telefon. Er stellte sich vor als der Gymnasiallehrer, der seine Tochter Julia zum Abitur geführt hatte, und nun wahrscheinlich Mitwisser eines hochinteressanten Komplottes war.

Nachdem Frings diese kurze Einführung gegeben hatte, verabredeten sich die beiden Herren zu Beginn der kommenden Woche in dem Altenheim. Seiler, der nun auch zwanzig Jahre älter und in einer verantwortungsvollen Position war, lauschte mit großem Interesse den Ausführungen des alten Lehrers und machte sich diverse Notizen. Nach diesem Gespräch verabredeten sich beide für eine Woche später zu einer neuen Besprechung.

Gerhard Frings dachte über die Ergebnisse der letzten Tage nach. Sicher war er weit und breit einer der ganz wenigen, die aus den Ergebnissen feste Schlüsse ziehen konnten. Er fügte aus den Erkenntnissen der letzten Tage seine Verdächtigungen und Schlussfolgerungen zusammen. Dass Chinesen an den verbrecherischen Machenschaften im Zusammenhang mit dem Umbau der Rennstrecke beteiligt waren und bemüht waren, alle Ergebnisse zu ihrem Zweck zu nutzen, ließ einen furchtbaren Verdacht in ihm aufkeimen. Zwecks Gedankenaustauschs hatte er in vielen Mails seine Annahmen niedergeschrieben, auch an Anton Seiler.

Als er nun wieder Toni Seiler traf, machte dieser ein

bedenkliches Gesicht. „Wem zum Teufel noch mal haben sie ihre Bedenken mitgeteilt," bellte dieser ihn an.

"Nun, es waren einige, aber nicht viele. Leute, mit denen ich auch sonst kommuniziere."

„Ihre Informationen, lieber Herr Frings, sind mit Sicherheit an die falschen Leute gegangen. Ist ihnen in der letzten Zeit nichts außergewöhnliches aufgefallen bei ihrer Kommunikation – etwas besonderes?"

Gerhard Frings dachte krampfhaft nach. Neben dem Mordanschlag im Wald fiel ihm nichts mehr ein

„Wenn sie wollen, können sie sich meinen Laptop ausleihen zwecks Überprüfung meiner Aktivitäten. Aber ich bin sicher, dass meine Kommunikation in Ordnung war, Herr Seiler."

Seiler nahm nach diesem Gespräch Gerhards Laptop an sich und bestätigte dessen Empfang mit einer Quittung.

„Auf Wiedersehen."

Er ließ einen ratlosen Gerhard Frings zurück, der sich schon Sorgen machte, weil er den falschen Kommunikationsweg eingeschlagen haben könnte.

Zwei Tage später war Seiler wieder am Telefon.

„Unsere Spezialisten haben bei Überprüfung aller ihrer Kontakte der letzten Zeit herausgefunden, dass ihr Laptop mit einem Trojaner infiziert wurde. Diese Malware wurde über das Darknet implantiert und hat alle ihre sonstigen Kontakte an einen Darknet Teilnehmer in China weitergemeldet. Diese haben alle Informationen dort ausgespäht. Der Schaden, der angerichtet wurde, wurde durch die Überprüfung meiner Spezialisten beseitigt. Sie sind noch einmal mit einem blauen Auge davongekommen. Ein Tipp von mir: Lassen sie die Kontakte mit einer Webseite, die sie nicht ganz genau kennen, ruhen. Sie könnten in Teufels Abhängigkeit gelangen. Und das wollen wir beide nicht.

Also: keine Spielereien mit Seiten, die sie nicht ganz genau kennen.

Damit verabschiedete sich Herr Seiler von Gerhard Frings.

Als Gerhard seinen Laptop später wieder hatte, testete er diesen gründlich. Das Gerät arbeitete wieder wie früher. Ein dicker Stein fiel ihm vom Herzen.

Nach längerem Nachdenken beschloss er, dass sein Wunsch nach Abenteuern nun einzustellen war. Er hatte immerhin einige Tage lang keinen Computer gehabt. Und was passiert wäre, wenn sein Laptop bei den Tests von den Mitarbeitern von dem Herrn Seiler kaputt gegangen wäre, wagte er sich nicht vorzustellen. Das wäre der absolute Gau gewesen. Außerdem fühlte er sich nach den Aufregungen der letzten Tage so erschöpft, dass er ahnte, für derlei Aktivitäten sei er in Zukunft zu alt.

Er beschloss, in Zukunft von Mails mit ihm unbekannten Absendern die Finger zu lassen und sie direkt in den Müll zu befördern.

Das gleiche galt insbesondere für das Darknet. Seine Zeit und seine Fähigkeiten waren für Spielereien mit dergleichen zu beschränkt. Also: Noch mal Glück gehabt!

Inhalt

Blutiger Reis

Gekidnapped in Cambodscha
359 Seiten, Paperback
ISBN 9783905960563
€ 15,80 (D)
€ 16,30 (A)
CHF 22,90 UVP

Ein weisser Koffer

Gefangen in Tailand
380 Seiten, Paperback
ISBN 9783905960488
€ 15,80 (D)
€ 16,30 (A)
CHF 22,90 UVP

Der Flug mit dem roten Drachen

Spionage in China
372 Seiten, Paperback
ISBN 9783905960587
€ 15,80 (D)
€ 16,30 (A)
CHF 22,90 UVP

H'mong

Flucht ins Leben • Die Leiden der H'mong
408 Seiten, Paperback
ISBN 9783905960808
€ 16,40 (D)
€ 19,99 (A)
CHF 21,90 UVP

Alle Bücher von Gebhard Friebel sind auch als eBooks erhältlich